VIAJANDO NOS INVESTIMENTOS

VIAJANDO NOS INVESTIMENTOS

CRÔNICAS sobre os MERCADOS a partir de CIDADES e da HISTÓRIA

ALTA BOOKS
GRUPO EDITORIAL
Rio de Janeiro, 2024

Viajando nos Investimentos

ISBN: 978-85-508-2500-7

Impresso no Brasil — 1ª Edição, 2024 — Edição revisada conforme o Acordo Ortográfico da Língua Portuguesa de 2009.

Dados Internacionais de Catalogação na Publicação (CIP)
(BENITEZ Catalogação Ass. Editorial, MS, Brasil)

I26v
1.ed. Iglesias, Martin Casals
Viajando nos investimentos : crônicas sobre os mercados a partir de cidades e da história / Martin Casals Iglesias. – 1.ed. – Rio de Janeiro : Alta Books, 2024.
144 p.; 15,7 x 23 cm.

ISBN 978-85-508-2500-7

1. Dinheiro – Administração. 2. Economia. 3. Educação financeira. 4. Finanças pessoais – 5. Planejamento. 5. Gestão de risco. 6. Investimentos. 7. Mercado imobiliário. I. Título.

08-2024/147 CDD 332.6

Índice para catálogo sistemático:
1. Educação financeira : Economia 332.6
Aline Graziele Benitez – Bibliotecária – CRB-1/3129

Grupo Editorial Alta Books

Produção Editorial: Grupo Editorial Alta Books
Diretor Editorial: Anderson Vieira
Editor da Obra: J. A. Ruggeri
Vendas Governamentais: Cristiane Mutüs
Gerência Comercial: Claudio Lima

Produtora Editorial: Ana Clara Tambasco
Revisão: João Guterres e Renan Amorim
Diagramação: Rita Motta
Capa: Karma Brandão

ALTA BOOKS
GRUPO EDITORIAL

Rua Viúva Cláudio, 291 — Bairro Industrial do Jacaré
CEP: 20.970-031 — Rio de Janeiro (RJ)
Tels.: (21) 3278-8069 / 3278-8419
www.altabooks.com.br — altabooks@altabooks.com.br
Ouvidoria: ouvidoria@altabooks.com.br

Editora **afiliada à:**

ASSOCIADO

SOBRE O AUTOR

Martin Iglesias, CFP® tem mais de trinta anos de mercado financeiro, é responsável pela Recomendação de Investimentos do Itaú Unibanco e Vice-presidente do Grupo Consultivo de Certificação e Educação para Investidores da ANBIMA. Pós-graduado em Finanças e Banking EAESP /FGV, Mestre em Economia pela EESP/FGV, onde leciona cursos de pós-graduação há mais de dezessete anos. É especialista em investimentos e finanças comportamentais, colunista do site Inteligência Financeira e autor dos livros *Investimentos: Um livro de segredos e conselhos* e *4 dimensões de uma vida em equilíbrio*, *Investimentos: Textos para nunca mais esquecer* e *Finanças comportamentais e arquitetura de escolhas: Como prever a irracionalidade do mercado e criar soluções financeiras humanizadas*.

Este livro é dedicado à
minha querida filha Helena.

AGRADECIMENTOS

Agradeço a todas as pessoas que, de forma direta ou indireta, acabaram formando meu caráter e, desta forma, influenciaram e continuam influenciando tudo aquilo que sou e faço.

SUMÁRIO

PREFÁCIO

Num mundo repleto de investidores, poucos têm a capacidade de transformar a complexidade do mercado financeiro em conceitos e teorias simplificadas e tangíveis para o leitor comum. Martin Iglesias é, sem dúvida, um desses poucos.

Em *Viajando nos investimentos*, Iglesias combina duas de suas paixões: viajar e ensinar sobre finanças. Ao longo das páginas, somos levados a uma viagem pelo Brasil e pelo mundo, explorando destinos fascinantes e descobrindo paralelos entre histórias locais e conceitos de investimento. E essa não é apenas uma viagem geográfica; é uma jornada por estratégias, riscos, oportunidades e lições valiosas para quem busca segurança financeira e prosperidade.

Através de sua sagacidade, bom humor e positivismo, ele torna temas frequentemente densos em assuntos acessíveis e divertidos. Seus ensinamentos, como os conceitos das "três reservas" e do "1, 3, 6, 9", demonstram sua habilidade de traduzir estratégias complexas em métodos simples, revolucionando a forma como os brasileiros têm lidado com suas finanças e ajudando assessores financeiros e gerentes a disseminar essas mensagens.

Ao nos guiar por cidades como Cartagena, Amsterdã, Londres e Sevilha, Iglesias não apenas nos oferece um vislumbre dessas metrópoles, mas também traça paralelos com estratégias de investimento, o surgimento de bancos modernos, a importância da capitalização composta, a influência dos rumores no mercado financeiro, entre outros.

Sua crônica sobre a chuvosa São Paulo e o conceito inovador do 1, 3, 6, 9 é um testemunho de sua dedicação à educação financeira. E ao explorar lugares como a Cidade do México e Cusco, ele amplia nosso horizonte de conhecimento, demonstrando como a diversidade cultural e a história podem ser integradas à sabedoria financeira.

Em cada capítulo, percebe-se o comprometimento de Iglesias em não apenas informar, mas também inspirar. Seja revelando a ligação entre o bondinho de Santa Teresa e o mercado de títulos ou desvendando as conexões entre a revolução das criptomoedas e a arte de Picasso, ele consegue unir passado e presente, cultura e economia de maneira única.

Este livro é mais do que um guia financeiro; é um convite para explorar o mundo e seus inúmeros aprendizados históricos, geográficos e financeiros. E, no final desta jornada, encontramos a essência do que Martin Iglesias faz de melhor: iluminar o caminho para um futuro financeiro mais seguro e enriquecedor.

Prepare-se para embarcar nesta viagem inesquecível e descobrir como as histórias e estratégias de investimento de diversas partes do mundo podem influenciar positivamente sua vida financeira. Boa leitura!

Marcio Verri

Sócio, CEO e um dos fundadores da Kinea

APRESENTAÇÃO

Originalmente, concebi este livro como uma continuação de minha publicação anterior, *Investimentos: Textos para nunca mais esquecer.* No entanto, à medida que me aproximava da conclusão, uma transformação começou a tomar forma na minha mente. Percebi que as analogias e lições estavam profundamente entrelaçadas com os aspectos das cidades que explorei durante minhas viagens. As cidades, com sua riqueza cultural e histórica, ofereceram um cenário fascinante para a compreensão dos princípios financeiros. Portanto, em vez de batizar este livro de *Investimentos: Textos para nunca mais esquecer 2,* decidi renomeá-lo para *Viajando nos investimentos: Crônicas sobre os mercados a partir de cidades e da história.*

Essa mudança de título reflete a essência do livro. Esta obra não é apenas uma sequência, mas uma nova jornada em si, uma exploração que busca unir diferentes aspectos da vida para construir um aprendizado sólido em conceitos financeiros. Acredito que o entendimento desses conceitos é fundamental para tomar decisões informadas e bem-sucedidas no mundo dos investimentos. No entanto, reconheço que esses conceitos podem ser árduos e desafiadores para muitas pessoas. É por isso que escolhi compartilhar essas lições de uma maneira que seja cativante e envolvente, tornando-as acessíveis a todos.

Minha missão, como escritor e educador, é traduzir o complexo mundo dos investimentos em uma linguagem que seja clara, acessível e agradável. Isso é evidente em todos os meus livros e permeia meu trabalho de forma geral. Ser capaz de ajudar as pessoas a compreender o mundo financeiro e a tomar decisões informadas é o meu objetivo constante, e acredito que a escrita é uma ferramenta poderosa para alcançar esse objetivo.

Minha vocação de professor e meu amor pelo aprendizado emergem em várias partes deste livro. Ao longo de cada capítulo, compartilho minhas experiências pessoais e insights com o intuito de facilitar a compreensão dos conceitos financeiros. Minha paixão por viagens e pela história também desempenham um papel importante, pois esses elementos enriquecem o conteúdo e proporcionam contextos que tornam as lições mais tangíveis e memoráveis.

A característica central deste livro é a minha busca incessante por analogias. Cito essa busca em algum momento do texto, pois acredito que ela desempenha um papel fundamental na compreensão de conceitos financeiros complexos. Encontrar analogias adequadas é uma arte que me esforço para aperfeiçoar, e acredito que elas são uma ponte vital entre o mundo dos investimentos e o cotidiano.

O meu objetivo, desde o início, foi escrever sobre finanças de uma maneira que fosse tão agradável quanto enriquecedora. Desejei que meus textos fossem leves o suficiente para serem lidos em um dia ensolarado na praia ou em um tranquilo parque, sem a necessidade de papel, lápis e calculadora. Espero que este livro seja um passo em direção à realização desse sonho.

Com o passar do tempo, espero descobrir se fui bem-sucedido nesse meu objetivo. No entanto, uma coisa é certa: só saberei se o atingi se os leitores terminarem a jornada de leitura com saudade e uma compreensão mais profunda dos investimentos.

Espero que este texto seja agradável e prazeroso, pois acredito profundamente que jamais esquecemos daquilo que aprendemos sorrindo.

Agora, convido você a iniciar sua própria jornada com *Viajando nos investimentos: Crônicas sobre os mercados a partir de cidades e da história*. Esta é a oportunidade de aprimorar seus conhecimentos financeiros de maneira cativante e inspiradora. Juntos, exploraremos o mundo dos investimentos e descobriremos as maravilhas que ele oferece.

Martin Casals Iglesias

INTRODUÇÃO

Este livro se divide em vinte cativantes capítulos completamente independentes, projetados para oferecer flexibilidade ao leitor. Eles podem ser lidos na ordem de sua escolha, uma vez que não seguem uma sequência lógica ou cronológica. Cada um apresenta uma breve síntese no início, permitindo ao leitor entender o que será explorado. Isso facilita o retorno a conceitos ou analogias específicas sempre que desejado, tornando a leitura uma experiência personalizada e enriquecedora.

1. A Importância da Diversificação: Lições de Cartagena e dos Axiomas de Zurique
2. Amsterdã: Uma Jornada Histórica pelos Canais e pelo Mercado Financeiro
3. Londres: Um Mosaico Multicultural e a Influência dos Rothschild no Cenário Financeiro
4. Florença: O Berço do Renascimento e dos Bancos Modernos
5. Santa Teresa: Bondes Emblemáticos e uma Curiosidade sobre o Mercado de Títulos no Brasil
6. Paris: Da Magia à Bolha Financeira — Segredos e Lições da Mississippi Company

01

A IMPORTÂNCIA DA DIVERSIFICAÇÃO:

LIÇÕES DE CARTAGENA E DOS AXIOMAS DE ZURIQUE

A minha viagem a Cartagena foi muito mais do que uma simples palestra. Essa cidade conquistou meu coração em todos os sentidos. Praias deslumbrantes, vida noturna agitada, arquitetura colonial e uma rica história militar. Mas foi no Forte de San Felipe de Barajas que tirei uma lição valiosa sobre investimentos e diversificação. Entenda a estratégia incomum por trás dessa fortaleza impenetrável e como ela se relaciona com os Axiomas de Zurique, um livro que desvenda os segredos para investir com sucesso. Prepare-se para ser inspirado e motivado a diversificar seus investimentos enquanto mergulha na atmosfera única de Cartagena, uma cidade que une praia, cultura, vida noturna e lições valiosas.

Tive a sorte de visitar Cartagena algumas vezes. A primeira foi a convite da minha amiga Ana Leoni, então superintendente da ANBIMA, para fazer uma palestra. Ela tinha um compromisso, e eu, como vice-presidente de educação para investidores, fui escolhido como aquele que teria a maravilhosa tarefa de representá-la.

Cartagena é uma cidade que me conquistou em todos os sentidos. Suas praias deslumbrantes, com águas cristalinas e areias douradas, ofereceram momentos de pura tranquilidade e relaxamento. A vida noturna, agitada e vibrante, proporcionou experiências inesquecíveis, com bares animados e música contagiante. A arquitetura colonial do Centro Histórico cativou meus olhos, com suas fachadas coloridas, varandas encantadoras e praças pitorescas. E, é claro, as construções de defesa, como as muralhas e os fortes, me levaram a uma viagem no tempo, repletas de história e estratégia militar. Cartagena é um destino que une praia, cultura, vida noturna e uma atmosfera única, deixando-me completamente apaixonado pela cidade.

A estrutura de defesa decorria da importância estratégica da cidade, de onde partiam as riquezas extraídas do continente americano pela Espanha. Cartagena é a cidade de origem das riquezas e Sevilha, cidade que tive a oportunidade de conhecer vários anos depois, o destino. Foi desse mecanismo de defesa que eu acabei extraindo alguns importantes ensinamentos sobre investimentos e diversificação.

No total, o sistema de defesa de Cartagena incluía uma série de fortificações, baluartes e muralhas estrategicamente posicionados, cada um com sua função específica. Eles trabalhavam em conjunto para proteger a cidade de ataques terrestres e marítimos, garantindo a segurança da cidade e de seu importante porto.

O sistema defensivo completo de Cartagena é uma prova impressionante da engenhosidade militar e do planejamento estratégico da época. Essas fortificações históricas são não apenas um testemunho do passado, mas também um importante ponto turístico que preserva a rica história militar da cidade.

Uma das principais estruturas defensivas em Cartagena é o Forte de San Felipe de Barajas. Localizado em um monte estratégico, oferece uma vista panorâmica da cidade e do mar, permitindo a identificação antecipada de qualquer ameaça. O castelo era uma fortaleza impenetrável, com paredes espessas e um complexo sistema de túneis subterrâneos que proporcionavam mobilidade estratégica e comunicação entre diferentes partes do sistema defensivo.

Quando me aproximei do Forte de San Felipe pela primeira vez, algo que me chamou muito a atenção o seu estilo construtivo, pois, indo da cidade ao encontro do forte, ele parecia muito mais uma montanha do que propriamente uma estrutura de defesa. Com a maior estrutura de defesa construída pelos espanhóis na América, fiquei surpreso ao não avistar um único canhão em sua estrutura, nem mesmo espaços para serem colocados. Perguntei-me para que serviria um forte que não possui canhões. Ao visitar o castelo, percebi que todo o armamento estava apontado para o outro lado, ou seja, para o lado oposto da cidade, que era a única rota possível para uma invasão terrestre, uma vez que as outras entradas eram fortemente protegidas, inclusive por uma muralha magnífica, que se mantém de pé até os dias de hoje, praticamente intacta.

Essa estratégia incomum tinha um propósito bem definido. Os defensores de Cartagena sabiam que se o forte fosse capturado por invasores, eles não queriam que os canhões caíssem em mãos inimigas e fossem usados contra a cidade. Essa astúcia estratégica demonstra o pensamento tático e a determinação dos defensores de Cartagena em preservar sua cidade a qualquer custo.

Olha que interessante! Embora os espanhóis tenham construído um sistema de defesa complexo e completo, que exigiu a mobilização de uma enorme quantidade de recursos, eles ainda pensaram em evitar um ataque à cidade caso nada disso funcionasse e o castelo e todo o outro sistema de defesa tivessem sido derrotados. A lição que veio à minha mente foi importante e imediata: temos que estar preparados para eventualidades, para aquelas coisas que nem sequer pensamos ser possíveis. Isso requer não apenas um pouco de planejamento estratégico, mas também humildade. Sempre podemos falhar.

Os axiomas de Zurique é um livro escrito por Max Gunther que explora os princípios essenciais para investir de forma bem-sucedida. Baseado em uma série de regras seguidas por um grupo de banqueiros suíços em Zurique, o livro oferece uma abordagem pragmática para lidar com o mercado financeiro. Ao longo da obra, o autor apresenta axiomas, que envolvem desde a importância de assumir riscos calculados até a necessidade de manter a calma emocional diante de flutuações do mercado. Com uma linguagem clara e exemplos vívidos, *Os axiomas de Zurique* oferece valiosos insights e orientações para investidores, destacando a importância da disciplina, da diversificação e do controle das emoções na busca pelo sucesso financeiro. Tenho algumas críticas bem severas ao livro, como a falta de valor que ele dá para a diversificação, mas compreendo o motivo: a obra foi escrita antes da difusão generalizada dos conceitos de Markowitz e do avanço da computação e da capacidade de processar quantitativamente grandes quantidades de dados.

A esta altura do texto, provavelmente você está se perguntando o que os "axiomas de Zurique" têm a ver com Cartagena e o Forte de San Felipe de Barajas, mas eu vou chegar lá. Isso tem a ver com a diferença que o autor da obra vê entre os conceitos de otimismo e confiança.

Segundo Gunther, o otimismo, conforme retratado no livro, refere-se à crença positiva de que o futuro trará oportunidades e sucesso nos investimentos. É uma atitude mental que impulsiona o investidor a acreditar em possibilidades favoráveis, mesmo diante de incertezas e adversidades. O otimismo muitas vezes é ingênuo, pois nos faz acreditar que o melhor está por vir.

Já a confiança reside na sólida ideia de que as estratégias foram testadas e, assim, podemos nos sentir preparados para tudo, inclusive se as coisas não saírem como desejado. Chega a parecer irônico, mas para mim, a confiança descrita no livro tem uma origem na humildade.

Voltando ao mundo dos investimentos, temos que ponderar que a diversificação é feita com a ideia de obter bons retornos, aliás, os melhores para cada nível de risco. No entanto, uma boa diversificação também nos ajuda a estar protegidos contra movimentos extremos de mercado. Da mesma forma, é óbvio que a construção do complexo sistema de defesa em Cartagena não significava o desejo de um ataque inimigo.

A diversificação de uma carteira de investimentos, com ativos descorrelacionados, é uma estratégia fundamental para se proteger contra eventos negativos extremos. Ao distribuir os investimentos em diferentes classes de ativos, setores e regiões geográficas, reduz-se a exposição a riscos específicos e se busca obter um equilíbrio de retornos. Isso ocorre porque, em momentos de instabilidade ou crises, diferentes ativos podem reagir de maneiras distintas. Por exemplo, enquanto algumas ações podem sofrer quedas acentuadas, outros investimentos, como títulos de renda fixa ou ouro, podem apresentar desempenho mais resiliente. A correlação negativa ou baixa entre esses ativos ajuda a compensar as perdas em uma parte da carteira com os ganhos em outra, reduzindo assim o risco global e protegendo-a contra eventos negativos extremos. É importante ressaltar que a diversificação não elimina completamente o risco, mas busca mitigá-lo e promover uma gestão mais eficiente dos investimentos, visando a preservação do capital e a minimização de perdas significativas.

Diversifique seus investimentos, tenha ativos de proteção e, caso ocorra um momento negativo do mercado, você sentirá a diferença. E se tiver oportunidade, não deixe de visitar Cartagena. Só não me chame para ir junto, porque posso acabar indo.

02

AMSTERDÃ:

UMA JORNADA HISTÓRICA PELOS CANAIS E PELO MERCADO FINANCEIRO

Tive a oportunidade de visitar a cidade de Amsterdã em abril de 2019. Meus interesses específicos me levaram a explorar o Museu Van Gogh, a Casa de Anne Frank e as pitorescas ruas à beira dos canais centenários. Mas havia algo mais, uma conexão com minha banda favorita, os Beatles, que fez com que eu me hospedasse no mesmo hotel onde John Lennon e Yoko Ono gravaram o icônico vídeo pela paz.

Amsterdã, uma cidade que entrelaça sua história arquitetônica, culinária e financeira, deixou marcas profundas em meu coração de viajante curioso. Caminhar por suas ruas foi mergulhar em um cenário tecido por mestres da arquitetura, onde os canais refletiam a grandiosidade das casas históricas. Cada esquina abrigava uma cafeteria aconchegante, um refúgio para os amantes de café e gastronomia. Amsterdã, uma celebração do passado e do presente, uma cidade que moldou o mercado financeiro global. Ao explorar suas belas ruas, questionei o papel fundamental do mercado de ações e sua importância para o crescimento econômico. Descobri que esse mercado desempenha um papel crucial no financiamento das empresas, promove a democratização da propriedade e impulsiona a alocação eficiente de recursos na economia. Amsterdã e seu mercado financeiro desenvolvido são um exemplo de como essa interação pode beneficiar a sociedade como um todo.

Abstive-me de biscoitos de ingredientes pouco convencionais, mas não abandonei a minha paixão por investimentos e pela maximização do crescimento econômico.

Estive em Amsterdã em abril de 2019. Em geral, quando visito algum lugar, meus interesses são muito específicos, e no caso, o interesse especial era visitar o Museu Van Gogh, a Casa de Anne Frank e caminhar pela enorme quantidade de ruas que beiram canais centenários. Descobri também, nas minhas pesquisas, que John Lennon, o líder dos Beatles, minha banda favorita, tinha ficado hospedado com Yoko Ono em um determinado hotel e gravado com ela o famoso vídeo sobre a paz. Fiz questão de ficar no mesmo hotel, onde o quarto é mantido da mesma forma como aparece no vídeo até hoje.

Ao adentrar os encantadores caminhos de Amsterdã, mergulhei em um cenário que parecia ter sido tecido pelos deuses da arquitetura. Os emblemáticos canais, entrelaçados como veias vitais da cidade, refletiam as imponentes fachadas das casas históricas. A cada ponte cruzada, era impossível não ser cativado pela harmonia entre a água serena e a grandiosidade arquitetônica, testemunhas silenciosas de séculos de história.

E, é claro, não posso deixar de mencionar a profusão de cafeterias que adornavam cada esquina de Amsterdã. Eles se apresentavam como verdadeiros refúgios para os amantes de café, abrigando não apenas a bebida dos deuses, mas também uma vasta gama de iguarias tentadoras. Bolos e biscoitos feitos com ervas peculiares (se é que me entende), tortas meticulosamente preparadas e pães frescos eram apenas algumas das opções disponíveis. Cada café contava sua própria história, envolvendo-me em uma atmosfera acolhedora e aconchegante enquanto me permitia saborear as delícias oferecidas.

Em suma, minha visita a Amsterdã foi uma jornada apaixonante pelo passado e pelo presente, onde os canais, as ruas repletas de restaurantes, a quantidade avassaladora de bicicletas e a enorme variedade de cafeterias se entrelaçavam em uma experiência arrebatadora. A cidade se revelou uma celebração da história, arquitetura, cultura gastronômica e estilo de vida sustentável. Cada momento vivido ali deixou marcas indeléveis em meu coração de viajante curioso.

Amsterdã, ao longo da história, desempenhou um papel fundamental no desenvolvimento do mercado financeiro e acionário. A cidade tornou-se um centro financeiro proeminente, impulsionado por eventos e instituições que moldaram a economia global.

Um marco significativo foi a fundação da primeira bolsa de valores do mundo, a famosa "Amsterdam Stock Exchange", em 1602. Essa iniciativa pioneira permitiu a negociação de ações de forma organizada e estabeleceu um modelo que influenciou o estabelecimento de bolsas de valores em todo o mundo. A criação dessa bolsa foi motivada pelo crescimento do comércio e das companhias mercantis na Era de Ouro dos Países Baixos e teve um impacto duradouro no desenvolvimento dos mercados financeiros internacionais.

Além disso, a Companhia das Índias Orientais (Vereenigde Oost-Indische Compagnie – VOC), desempenhou um papel vital na expansão comercial dos Países Baixos e na consolidação de Amsterdã como um centro financeiro de destaque. A VOC foi a primeira empresa a emitir ações e títulos negociáveis para financiar suas operações. Essa inovação no financiamento corporativo, permitindo que investidores comprassem ações da empresa, foi um marco revolucionário e pavimentou o caminho para o desenvolvimento do mercado acionário moderno.

Um episódio emblemático que destaca a influência de Amsterdã no mercado financeiro é a famosa "bolha das tulipas" que ocorreu no século XVII. Durante alguns anos, o preço das tulipas alcançou níveis exorbitantes, impulsionado pela especulação e pela demanda crescente. No entanto, em 1637, a bolha estourou, levando a uma queda dramática no preço das tulipas e causando perdas significativas para muitos investidores. Esse evento é frequentemente citado como um exemplo dos perigos da especulação desenfreada e serviu de lição para o desenvolvimento de regulamentações e práticas mais sólidas nos mercados financeiros.

Em resumo, Amsterdã desempenhou um papel pioneiro na evolução do mercado financeiro e acionário. A fundação da primeira bolsa de valores, a criação da Companhia das Índias Orientais e a tristemente famosa bolha das tulipas são testemunhos da importância histórica dessa cidade para a economia global. Esses eventos e instituições contribuíram para moldar o mercado financeiro moderno e estabeleceram Amsterdã como um centro financeiro de destaque, cuja influência perdura até os dias atuais.

Mas, ao caminhar pelas belas ruas, de vez em quando alterando o ritmo da passada para evitar algum choque com os ciclistas, não deixei de pensar em qual é a verdadeira função do mercado de ações. O mercado de ações desempenha um papel crucial na economia de um país, tendo um impacto significativo no crescimento econômico e no bem-estar da população. Vamos explorar a importância desse mercado e como ele pode funcionar como um acelerador do crescimento econômico.

Em primeiro lugar, o mercado de ações fornece uma fonte vital de financiamento para as empresas. Ao emitirem ações no mercado, as empresas têm a oportunidade de levantar capital para expandir suas operações, investir em novos projetos, pesquisa e desenvolvimento e buscar oportunidades de crescimento. Esse financiamento é essencial para estimular o investimento produtivo e impulsionar a inovação, resultando em uma economia mais dinâmica e competitiva.

Além disso, o mercado de ações permite a participação de investidores individuais e institucionais, proporcionando-lhes a oportunidade de investir e se tornarem proprietários de empresas. Isso não apenas promove a democratização da propriedade, mas também incentiva o engajamento dos investidores na economia, estimulando o interesse no desempenho das empresas e na alocação eficiente de recursos. Os investidores podem se beneficiar dos retornos gerados pelas empresas bem-sucedidas, o que pode ajudar a aumentar a riqueza e melhorar o padrão de vida da população.

Além disso, o mercado de ações desempenha um papel fundamental na alocação eficiente de recursos na economia. Os preços das ações refletem a avaliação do mercado sobre o valor das empresas, incorporando informações e expectativas futuras. Isso permite que os recursos sejam direcionados para empresas com perspectivas mais promissoras e com maior potencial de crescimento, estimulando a alocação eficiente do capital. Como resultado, o mercado de ações contribui para o crescimento econômico sustentável, direcionando os recursos para os setores mais produtivos e inovadores da economia.

Talvez o senso comum não dê ao mercado de capitais essa importante função social, ligada à maximização do crescimento econômico, que no fim das contas beneficia a todos na economia. Provavelmente, as pessoas associam o mercado de ações a um grupo de "Faria Limers", conforme o apelido, que, no fim das contas, têm poucos interesses além dos seus bônus periódicos. Talvez não seja por coincidência que Amsterdã, assim como outros países com mercado de capitais desenvolvido, tenha conseguido maiores taxas de crescimento e melhores níveis de distribuição de renda do que os lugares onde o mercado de capitais não é tão desenvolvido.

Gosto de pensar desse jeito. Gosto de sentir que o meu trabalho de recomendação de investimentos e de educação financeira de certa forma ajudam a canalizar de uma maneira mais eficiente os recursos da sociedade. Sinto-me feliz por contribuir de uma forma tão relevante e faço questão de dizer isso para os meus colegas de trabalho e meus alunos.

Foi exatamente esse o pensamento que veio à minha mente em uma daquelas ruas de Amsterdã. Lembro de ter parado um pouco, olhado um canal com calma, tirado uma foto para os stories do meu Instagram para, em seguida, entrar para tomar um belo café. Nada de biscoitos.

03

LONDRES:

UM MOSAICO MULTICULTURAL E A INFLUÊNCIA DOS ROTHSCHILD NO CENÁRIO FINANCEIRO

Desembarquei no aeroporto de Londres com altas expectativas, ansioso para explorar uma cidade enraizada em séculos de história. Mas o que encontrei foi além das minhas imaginações mais exuberantes. A cidade revelou-se um verdadeiro mosaico multicultural, onde a diversidade de culturas e tradições se entrelaça em uma dança de cores e tecidos. No entanto, o propósito deste capítulo não é apenas falar sobre Londres, mas também sobre uma das famílias de banqueiros mais influentes de todos os tempos: os Rothschild. Sua habilidade única em obter e agir rapidamente a partir de um fluxo ágil de informações no século XIX mudou o cenário financeiro europeu. Neste capítulo, vamos explorar seu papel histórico e a importância da velocidade da informação nos dias de hoje. Prepare-se para uma jornada fascinante, onde a imersão nas páginas vivas da história e a reflexão sobre a veracidade e a velocidade da informação serão o pano de fundo dessa narrativa.

Desembarquei no aeroporto de Londres com expectativas elevadas, mas o que encontrei foi além do que eu poderia imaginar. Uma cidade enraizada em séculos de história, que se abre para o mundo com uma mistura exuberante de culturas. A cada esquina, testemunhei a presença marcante das comunidades chinesa, indiana e árabe, que trouxeram consigo suas tradições e roupas características, fiéis às suas raízes. Em meio a uma dança de cores e tecidos, Londres se revelou como um verdadeiro mosaico multicultural.

A efervescência cultural que permeia a cidade é palpável. Desde as performances teatrais nos aclamados palcos do West End até as exposições nas galerias de arte mais renomadas do mundo, Londres é um centro pulsante de criatividade e expressão. A cada momento, havia algo novo para descobrir e admirar, uma infinidade de vozes artísticas que se uniam em um coro harmonioso. A cidade parecia transbordar com uma energia contagiante, alimentada pela diversidade de perspectivas e pela busca incansável pela inovação cultural.

A arquitetura londrina é um testemunho tangível da fusão entre o antigo e o moderno. Majestosos marcos históricos, como a Torre de Londres e o Palácio de Westminster, contrastam de forma notável com os arranha-céus contemporâneos que perfuram o horizonte. Londres é uma colagem arquitetônica, onde estilos do passado dialogam com as tendências arrojadas do presente. Essa harmonia de contrastes cria uma paisagem urbana que encanta e surpreende a cada esquina.

É inegável a vocação de Londres para ser a capital do mundo. Uma cidade que acolhe pessoas de todas as nacionalidades, um verdadeiro ponto de encontro global. Sua riqueza cultural, diversidade e influência econômica a tornam um farol para o resto do mundo. E entre os elementos que personificam a identidade londrina, os ônibus vermelhos se destacam como símbolos icônicos que atravessam as ruas movimentadas, conectando os pontos da cidade e tornando-se parte indissociável de sua paisagem urbana.

Em resumo, minha experiência em Londres foi uma imersão nas páginas vivas da história, nas cores da diversidade cultural e no pulsar vibrante da efervescência artística. Uma cidade que abraça suas tradições enquanto se reinventa constantemente, uma capital que seduz e inspira. Londres é um tesouro inesgotável de descobertas, onde os ônibus vermelhos servem como lembrete constante de que a jornada por essa cidade nunca termina.

A história de Londres como centro financeiro mundial remonta à Idade Média, quando a cidade começou a se estabelecer como um importante polo comercial. Uma das influências fundamentais nesse processo foram os judeus, que desempenharam um papel significativo no desenvolvimento do setor financeiro. No século XIII, a comunidade judaica londrina, com sua expertise em negócios e comércio, estabeleceu uma série de atividades financeiras, incluindo empréstimos e serviços bancários. Essa presença judaica foi um fator-chave no crescimento econômico da cidade e no estabelecimento de Londres como um centro financeiro importante.

Durante os séculos seguintes, Londres continuou a se expandir e a fortalecer seu papel como um centro financeiro global. Através do comércio internacional e da exploração colonial, a cidade se tornou uma potência econômica, atraindo comerciantes, banqueiros e investidores de todo o mundo. A criação da Bolsa de Valores de Londres no século XVII impulsionou ainda mais o crescimento financeiro da cidade.

Ao longo dos séculos XIX e XX, a cidade se consolidou como um dos principais centros financeiros internacionais, competindo diretamente com Nova York. A localização estratégica, a estabilidade política e a capacidade de atrair investimentos globais fizeram com que ela se tornasse o epicentro dos negócios e das finanças. A City de Londres, conhecida como o distrito financeiro, abriga uma concentração de instituições financeiras, incluindo bancos, seguradoras, fundos de investimento e empresas de consultoria.

Atualmente, Londres mantém sua posição de destaque como centro financeiro mundial. A cidade abriga algumas das maiores instituições financeiras do planeta, oferece uma ampla gama de serviços financeiros e atrai profissionais talentosos de todo o mundo.

No entanto, é importante notar que a metrópole enfrenta desafios e concorrência significativa de outras cidades globais. O Brexit, por exemplo, gerou incertezas e impactos no setor financeiro, levando algumas instituições a transferirem parte de suas operações para outras capitais financeiras europeias. Apesar disso, a resiliência e a história sólida de Londres como um centro financeiro sustentam sua posição como um dos principais players globais no mundo dos negócios e das finanças.

Mas, o intuito deste capítulo não é falar tanto dela, e sim de uma das principais famílias de banqueiros de todos os tempos.

A família Rothschild e seu banco, sediado em Londres, desempenharam um papel crucial no cenário financeiro europeu durante o século XIX. Sob a liderança habilidosa de Mayer Amschel Rothschild e seus filhos, eles construíram uma rede de comunicação ágil e eficiente que lhes permitia arbitrar preços de metais e títulos públicos das nações europeias.

A organização única da família Rothschild foi um fator-chave para seu sucesso. Mayer Amschel estabeleceu uma estrutura na qual seus cinco filhos, espalhados por diferentes capitais europeias, gerenciavam bancos familiares interligados. Essa estrutura descentralizada e a rede de comunicação estabelecida entre eles permitiam que informações-chave chegassem rapidamente às mãos dos Rothschild, fornecendo-lhes uma vantagem competitiva significativa nos mercados financeiros.

Durante as Guerras Napoleônicas, os Rothschild desempenharam um papel estratégico. Eles atuaram como banqueiros para governos europeus e financiaram várias campanhas militares. Além disso, a rede de comunicação dos Rothschild permitiu-lhes obter informações relevantes sobre os desdobramentos do conflito. Um dos momentos mais emblemáticos foi a batalha de Waterloo, em 1815, quando os Rothschild souberam antecipadamente da derrota de Napoleão, graças à sua rede de mensageiros rápidos e eficientes. Essa informação foi utilizada para realizar transações financeiras estratégicas, gerando grandes lucros para a família.

A família Rothschild obteve lucros substanciais com a notícia da derrota final de Napoleão em Waterloo devido à sua habilidade em antecipar e agir rapidamente com base num fluxo ágil de informação. Quando a batalha ocorreu em 18 de junho de 1815, os Rothschild já haviam estabelecido uma extensa rede de mensageiros confiáveis e eficientes que se estendia por toda a Europa.

Após a batalha, um mensageiro dos Rothschild estava presente em Waterloo e testemunhou pessoalmente o desenrolar dos eventos. Ele imediatamente enviou outro mensageiro com a notícia da vitória das forças aliadas sobre Napoleão para a cidade de Londres. Essa informação chegou ao banco da família Rothschild em Londres antes mesmo das notícias oficiais.

Aproveitando-se dessa situação, os Rothschild começaram a vender títulos públicos franceses e a comprar os britânicos. Essa estratégia permitiu-lhes lucrar imensamente, pois o mercado reagiu às notícias de forma tardia e ainda estava refletindo o medo da possível vitória de Napoleão.

Conforme a notícia oficial da vitória britânica se espalhava, o valor dos títulos britânicos aumentou rapidamente, enquanto os franceses despencaram. Os Rothschild foram capazes de lucrar com a diferença de preços, comprando títulos franceses a preços baixos e vendendo títulos britânicos a preços mais altos. Eles acumularam uma fortuna considerável nesse processo.

A estratégia dos Rothschild foi objeto de controvérsias e críticas. Muitos falam do uso de informação privilegiada, mas em minha humilde opinião como professor de finanças (e com sorte, algum dia de História também), não consigo enxergar informação privilegiada em relação a um acontecimento que ocorreu em campo aberto, como foi a batalha de Waterloo. O que consigo ver, no entanto, é a importância de ter acesso às informações públicas o mais rapidamente possível e, é claro, saber como aproveitá-las de maneira estratégica.

No século XIX, os Rothschild tiveram uma vantagem competitiva significativa ao obter informações rapidamente e agir com base nelas. Nos dias de hoje, com a tecnologia da informação e as comunicações instantâneas, a velocidade tornou-se ainda mais crucial. A capacidade de receber e processar informações em tempo real é essencial para a tomada de decisões financeiras e na busca por oportunidades nos mercados globais.

Ah, meu caro amigo, devo confessar que estou curioso: Você tem certeza de que está bem-informado? Quero dizer, suas fontes são confiáveis e ágeis o suficiente para acompanhar o ritmo frenético das notícias? É sempre importante ter plena confiança naquilo que ouvimos e lemos, especialmente em tempos em que a velocidade da informação é tão crucial. Então, diga-me, você está realmente seguro de que suas fontes são tão eficientes e atualizadas quanto acredita? Afinal, é sempre bom questionar e refletir sobre a veracidade e a velocidade da informação que recebemos, não é mesmo?

Minha passagem por Londres terminou com a visita ao Camden Market e à estátua de bronze que homenageia a fabulosa Amy Winehouse. Tirei uma foto para postar no feed do meu Instagram e estava pronto para comer algo. Experimentei o melhor hot dog da minha vida; infelizmente, o *fish and chips* estava um pouco oleoso, mas nada que uma boa cerveja não tenha conseguido resolver.

04

FLORENÇA:

O BERÇO DO RENASCIMENTO E DOS BANCOS MODERNOS

Descubra a fascinante conexão entre Florença, lar dos maiores gênios renascentistas, e o surgimento dos bancos modernos. Conheça como a cidade se tornou um farol de inovação cultural e financeira, desempenhando um papel crucial no desenvolvimento do sistema bancário europeu.

Eu sempre quis conhecer Florença. Tinha uma viagem marcada para o fim de abril de 2020. Passagens compradas, hotéis reservados, ingressos para todas as galerias. Não posso me esquecer da lista de restaurantes que queria visitar para viver a riqueza da Itália em toda a sua plenitude. Você já deve ter percebido que abril de 2020 acabou se mostrando um péssimo momento. Uma das maiores pandemias da história atravessou o meu caminho. Apesar de tudo ter passado, acabei não indo para Florença e preferi visitar outros lugares, mas esse é um plano que espero conseguir realizar em breve. Talvez você se pergunte por que tenho tanta vontade de ir para lá, e é isso que vou detalhar.

Florença, na Itália, foi o berço de artistas e pensadores renomados que deixaram uma marca duradoura no Renascimento. Dante Alighieri, com sua obra-prima *A divina comédia*, estabeleceu-se como uma figura central na literatura e cultura florentina, enquanto Galileu Galilei revolucionou a astronomia com suas observações telescópicas. Nicolau de Maquiavel influenciou a política e a filosofia com sua obra *O príncipe*, e Filippo Brunelleschi marcou a arquitetura com sua cúpula autossustentável da Catedral de Santa Maria del Fiore. Leonardo da Vinci e Michelangelo destacaram-se como artistas polivalentes, cada um com obras-primas reconhecidas mundialmente. Rafael (ou Raffaello), por sua vez, estabeleceu um padrão na pintura renascentista. Esses gênios florentinos contribuíram para o florescimento cultural e intelectual da cidade, deixando um legado inspirador até os dias de hoje.

Em termos de pintura, gosto muito de Raffaello, e os amantes de chocolate, como eu, hão de convir que ele é o único gênio florentino que foi homenageado com um belíssimo chocolate criado em sua memória por uma tradicional fábrica italiana. Na verdade, de chocolate tem pouco: é um wafer recheado de amêndoas e com uma cobertura que lembra coco. Repito, não lembra um chocolate, mas é bem gostoso.

Esses notáveis indivíduos, cada um em sua área de atuação, contribuíram para o resplandecer de Florença durante o século XIII, tornando-a um farol de inovação e criatividade. Suas obras e ideias continuam a inspirar e fascinar até os dias de hoje, reafirmando a importância duradoura dessa cidade italiana como um centro cultural e intelectual do Renascimento.

Impressionante! Naqueles anos, Florença foi responsável simplesmente pela evolução da física, da astronomia, da arquitetura, da política, da pintura, da escultura e da literatura... Quer mais? Pois tem mais! Aliás, é esse o motivo deste capítulo.

Florença é considerada a cidade onde surgiram os bancos modernos devido a uma combinação de fatores históricos, econômicos e culturais que convergiram nesse cenário único. No século XIII, Florença era uma cidade próspera e um importante centro comercial na Europa.

Sua localização estratégica, no coração da região da Toscana, permitia o acesso a rotas comerciais fundamentais, facilitando o comércio com outras cidades-estado italianas e com o restante da Europa.

Um dos elementos-chave para o desenvolvimento dos bancos modernos em Florença foi o papel desempenhado pelas famílias ricas e influentes, como os Medici e os Bardi. Essas famílias eram compostas por comerciantes bem-sucedidos que acumularam riqueza por meio do comércio internacional e do financiamento de governos e monarcas.

Florença, ao contrário de outras cidades europeias, tinha uma legislação favorável para as atividades bancárias. Os Medici, em particular, estabeleceram o Banco Medici, que se tornou um dos mais proeminentes e inovadores da época. Eles desenvolveram práticas financeiras sofisticadas, como o uso de letras de câmbio, que permitiam transações comerciais seguras e eficientes entre diferentes regiões.

Além disso, os banqueiros florentinos foram pioneiros no uso do sistema de contabilidade de partidas dobradas, um método avançado que permitia um registro preciso das transações financeiras. Esse sistema fornecia maior transparência e confiabilidade nas operações bancárias, algo fundamental para a construção de relacionamentos comerciais sólidos.

A cultura empreendedora e a busca pelo lucro eram valores fundamentais na Florença da época. A cidade incentivava o comércio e as atividades financeiras, oferecendo um ambiente favorável para o crescimento e a inovação. Os banqueiros florentinos investiam em projetos comerciais e financeiros arriscados, financiando, por exemplo, a expansão de empresas de manufatura e a construção de catedrais e igrejas.

Outro aspecto relevante é que Florença tinha uma moeda estável, o florim, que era amplamente aceita em toda a Europa. Isso facilitava as transações comerciais e financeiras, atraindo comerciantes e investidores de outras partes do continente.

Assim, a combinação desses fatores — a localização geográfica estratégica, o papel das famílias ricas e influentes, a legislação favorável, as práticas financeiras inovadoras, o sistema de contabilidade avançado, a cultura empreendedora e a moeda estável — fez de Florença o local ideal para o surgimento dos bancos modernos.

O legado dos bancos florentinos reverberou por toda a Europa, influenciando o desenvolvimento do sistema financeiro em outras cidades importantes, como Veneza e Gênova. A partir de Florença, as práticas bancárias modernas, como a emissão de notas, a realização de empréstimos e a oferta de serviços financeiros diversos, espalharam-se pelo continente, desempenhando um papel fundamental na expansão do comércio e no crescimento econômico da época.

Mas havia um importante obstáculo para a expansão ainda mais forte das atividades bancárias: a lei da usura. Na interpretação católica tradicional, era proibido emprestar dinheiro a juros a um irmão. E, como todos somos filhos de Deus, isto é, irmãos, a proibição se estendia a qualquer pessoa. Os judeus tinham uma interpretação diferente sobre a palavra "irmãos" e a limitavam a outras pessoas de sua mesma religião. Sem dúvida, essa interpretação e o fato de não estarem sujeitos às leis papais são os principais motivos pelos quais as atividades de empréstimo se concentraram nas pessoas de religião judaica durante praticamente toda a Idade Média.

A influência dos Medici sobre a Igreja Católica, que resultou na flexibilização da lei da usura, está intimamente relacionada à eleição de Leão X ao cargo de Papa. Leão X, cujo nome de batismo era Giovanni de' Medici, era um membro proeminente da família Medici e possuía uma posição de destaque no cenário político e religioso da época.

Quando Giovanni de' Medici foi eleito Papa em 1513, ele trouxe consigo a influência financeira e política da família. A eleição de um membro dos Medici para o mais alto cargo da Igreja deu à família ainda mais poder e acesso direto às decisões e políticas da Igreja Católica.

Os Medici, como banqueiros bem-sucedidos, tinham interesse em flexibilizar a lei da usura, que proibia a cobrança de juros sobre empréstimos. Eles perceberam que a Igreja poderia desempenhar um papel importante nessa flexibilização, já que tinha autoridade moral sobre questões religiosas e éticas.

Com a ascensão de Leão X ao papado, os Medici agora tinham um aliado influente dentro da Igreja. Leão X compartilhava os interesses e valores dos Medici, e, juntos, eles trabalharam para promover mudanças favoráveis às atividades bancárias.

Leão X, por meio de sua autoridade como Papa, emitiu uma série de bulas que permitiam a cobrança de juros em certas circunstâncias. Essas bulas forneciam justificativas teológicas e legais para a flexibilização da lei da usura. Por exemplo, a bula "Inter Multiplices" (1515) estabeleceu que os juros poderiam ser cobrados em empréstimos para fins comerciais.

Essa mudança na posição da Igreja em relação à usura foi significativa, pois abriu caminho para o desenvolvimento de práticas bancárias modernas, incluindo a cobrança de juros em empréstimos. Os Medici desempenharam um papel fundamental nessa mudança, aproveitando sua influência sobre Leão X e colaborando para a promoção de políticas que beneficiavam seus interesses financeiros.

É importante destacar que a relação entre os Medici e a Igreja Católica não se limitou apenas à questão da usura. A família Medici também desempenhou um papel importante no mecenato artístico e cultural da época, apoiando artistas como Michelangelo e Rafael, além de patrocinar a construção de igrejas e catedrais em Florença. Essa interação entre os Medici e a Igreja contribuiu para uma complexa rede de influências políticas, financeiras e culturais que moldaram o Renascimento italiano.

Os bancos florentinos também desempenharam um papel crucial na introdução dos algarismos arábicos, ao darem ouvidos ao matemático Leonardo de Pisa, mais conhecido como Fibonacci, autor da famosa série numérica que leva o seu nome. Na época, a atividade bancária estava em ascensão, com um aumento significativo das transações comerciais e financeiras. Os banqueiros perceberam que o sistema de numeração romano era ineficiente e dificultava os cálculos complexos necessários para suas operações. A adoção dos algarismos arábicos pelos bancos permitiu realizar cálculos mais rápidos e precisos, facilitando o comércio, os empréstimos e os investimentos.

Florença, como importante centro comercial e financeiro da época, desempenhou um papel significativo na disseminação dos algarismos arábicos. A cidade atraiu comerciantes de diferentes regiões e foi um ponto de encontro de culturas e conhecimentos. A influência dos banqueiros florentinos, como os Medici, foi crucial nesse processo. Eles reconheceram a eficiência dos algarismos arábicos e incentivaram seu uso em suas atividades comerciais e financeiras. Além disso, Florença também era um centro de aprendizado e estudos, com academias e universidades onde o conhecimento matemático era valorizado e promovido.

Dessa forma, a introdução dos algarismos arábicos na Europa foi o resultado de uma combinação de fatores, incluindo a influência de Fibonacci, a necessidade dos bancos de lidar com operações financeiras complexas e o papel central desempenhado por Florença como centro comercial e intelectual. Essa transição para os algarismos arábicos revolucionou a matemática e as finanças, permitindo cálculos mais eficientes e precisos, impulsionando o desenvolvimento do comércio e das atividades financeiras na Europa e estabelecendo as bases para o sistema de numeração decimal que utilizamos até hoje.

Pertinho de Florença, ainda na região italiana da Toscana, na cidade de Siena, temos o lendário banco Monte dei Paschi di Siena.

Esse banco é uma instituição com uma importância significativa tanto do ponto de vista histórico quanto do financeiro. Fundado em 1472, é considerado o mais antigo em operação contínua no mundo. Localizado na cidade de Siena, na região da Toscana, na Itália, o Monte dei Paschi di Siena teve um papel crucial no desenvolvimento do sistema bancário europeu.

Durante o Renascimento, assim como Florença, Siena era uma cidade próspera e um importante centro financeiro. O Monte dei Paschi di Siena desempenhou um papel fundamental no fornecimento de serviços financeiros e no financiamento de empreendimentos comerciais e artísticos. O banco atuava como um intermediário financeiro, oferecendo empréstimos a comerciantes, financiando projetos de infraestrutura e facilitando o comércio internacional.

Ao longo dos séculos, o Monte dei Paschi di Siena enfrentou desafios e crises financeiras, mas manteve sua atividade e importância. No entanto, a crise financeira de 2008 o afetou profundamente, tornando-o um símbolo dos problemas enfrentados pelo setor financeiro italiano. O banco precisou da intervenção do governo para evitar sua falência, destacando os desafios enfrentados pelos bancos tradicionais em um ambiente financeiro globalizado e altamente regulado.

Ah, Florença... A cidade das Artes, da História e do Renascimento. Embora nunca tenha caminhado por suas ruas de paralelepípedos ou contemplado suas obras-primas, uma chama de curiosidade arde em meu coração viajante. Anseio desbravar os museus que abrigam tesouros intocados e deleitar-me com os sabores toscanos que encantam os paladares. Em meio à expectativa, encontro refúgio nas páginas dos livros que exaltam sua grandiosidade, mergulhando na imaginação e criando uma ligação íntima com essa cidade mágica. Os filmes se tornam janelas, que me transportam para suas ruas, permitindo que minha mente vagueie entre as majestosas cúpulas e ruas pitorescas. Quem sabe, em breve, estarei lá, saciando minha curiosidade e descobrindo os encantos de Florença em sua plenitude.

Mas é preciso deixar uma última reflexão: não sei se você tinha parado para pensar ou fazer as contas do quão relevante para a história foram Florença e seus bancos. As contribuições são simplesmente incomensuráveis. Tente fazer as contas, mas use de preferência algarismos arábicos, pois contas de multiplicação com algarismos romanos são particularmente difíceis.

05

SANTA TERESA:

BONDES EMBLEMÁTICOS E UMA CURIOSIDADE SOBRE O MERCADO DE TÍTULOS NO BRASIL

Santa Teresa, um bairro histórico no Rio de Janeiro, repleto de casarões coloniais e ruas de paralelepípedos que testemunharam a boemia e a inspiração de outrora. A icônica Escadaria do Selarón, coberta de azulejos multicoloridos, é uma ode à diversidade cultural e à arte que se respira na região. Além disso, o famoso bonde de Santa Teresa é um elo entre o passado e o presente, conectando diferentes partes da cidade. Surpreendentemente, a origem do termo "bonde" está diretamente relacionada ao mercado de títulos de renda fixa, uma curiosa conexão que remonta ao início do século XX, quando o Brasil utilizou a emissão de ***bonds*** para financiar a construção de suas primeiras linhas de bonde.

Por outro lado, o mercado de títulos de crédito privado desempenha um papel crucial no sistema financeiro, oferecendo oportunidades de investimento para empresas, instituições financeiras e investidores individuais. Esses títulos representam uma dívida assumida por empresas e instituições não governamentais perante seus credores, proporcionando a possibilidade de obter maiores retornos em comparação aos títulos de crédito público. No entanto, é necessário considerar os riscos envolvidos, como o risco de crédito e o risco de liquidez. A diversificação adequada dos investimentos e uma análise criteriosa dos emissores são essenciais para mitigar esses riscos. Antes de investir, é importante buscar conhecimento sobre o mercado e avaliar a solidez financeira dos emissores, levando em conta seus próprios objetivos de investimento e tolerância ao risco.

Ah, o Rio de Janeiro! Essa cidade me envolve com seus encantos e faz com que eu me apaixone ainda mais pela história. Mas, entre tantos bairros que embelezam essa metrópole pulsante, há um em especial que sempre me conquista: Santa Teresa. Já tive a sorte de me hospedar nessa região algumas vezes e, a cada estadia, sinto-me imerso em uma atmosfera única, repleta de charme e história.

Ao caminhar pelas ruas de Santa Teresa, é como se o tempo se curvasse diante de mim. Casarões coloniais, construídos no esplendor do século XIX, parecem sussurrar segredos dos tempos passados. As ruas de paralelepípedos, gastas pelo passar dos anos, testemunharam histórias de boêmios e intelectuais, que encontravam naquele recanto uma fonte de inspiração.

Mas há um ponto em especial que me emociona sempre que o visito: a Escadaria do Selarón. Descendo entre os degraus cobertos por azulejos multicoloridos, sinto-me abraçado pela arte que respira ali. Os azulejos representam uma verdadeira miscelânea cultural, trazendo pedaços do mundo todo para aquele pequeno pedaço do Rio. Cada degrau é uma tela viva, uma explosão de cores que narra a vida e a alma de um povo. É uma ode à diversidade e ao talento humano, que transforma e colore a paisagem urbana.

E como não mencionar o icônico bonde de Santa Teresa? É como se ele fosse o elo entre o passado e o presente, um veículo que desliza sobre os trilhos, transportando a nostalgia de uma época em que a cidade respirava de forma diferente. Subir a bordo desse bonde é embarcar em uma viagem no tempo, onde é possível contemplar a arquitetura histórica da região, as vistas deslumbrantes da cidade e sentir o brilho no olhar dos passageiros que se maravilham com o trajeto.

Uma curiosidade interessante sobre os bondes é que a origem não só da sua instalação, mas do próprio nome, está diretamente ligada ao mercado de capitais.

Ao mergulharmos na história das origens do transporte sobre trilhos no Brasil, nos deparamos com uma curiosa conexão entre a emissão de títulos de renda fixa e o surgimento do termo "bonde" para denominar esse meio de transporte tão emblemático. No início do século XX, o Brasil buscava modernizar suas cidades e expandir suas redes de transporte urbano, e uma forma de viabilizar financeiramente esses empreendimentos foi a emissão de *bonds*, também conhecidos como títulos de dívida.

Os *bonds* eram títulos de renda fixa emitidos pelo governo ou por empresas com o objetivo de captar recursos junto a investidores, nacionais ou estrangeiros, para financiar projetos de grande envergadura. E foi justamente por meio da emissão desses *bonds* que o Brasil encontrou os recursos necessários para a construção de suas primeiras linhas de bondes, como o famoso bonde de Santa Teresa, no Rio de Janeiro.

A utilização da palavra "bonde" para designar esse tipo de meio de transporte está diretamente relacionada à influência linguística dos países de língua inglesa, onde o termo "*bond*" é utilizado para se referir aos títulos de dívida. A emissão dos *bonds* para financiar a construção dos bondes foi uma prática comum na época, e a palavra "bonde" acabou sendo adotada no Brasil para nomear esse sistema de transporte.

Dessa forma, a palavra passou a fazer parte do vocabulário brasileiro como um sinônimo de transporte sobre trilhos. Aos poucos, os bondes se tornaram um marco nas paisagens urbanas, deslizando pelos trilhos e conectando diferentes partes das cidades, proporcionando mobilidade e facilitando o deslocamento da população.

Mas, se queremos estudar a verdadeira origem do mercado de títulos públicos, mais uma vez teremos que citar a cidade de Florença, localizada na bela região da Toscana, que, como já citamos, destacou-se como um importante centro de comércio e finanças. Sua rica e influente classe mercantil buscava meios de financiar as atividades comerciais, e foi nesse contexto que surgiram os títulos públicos florentinos.

Conforme já vimos, durante o século XIII, Florença era governada por uma família proeminente, os Medici, que exerciam grande influência política e econômica na cidade. Para financiar suas empreitadas, os Medici recorriam frequentemente à prática do empréstimo, captando recursos junto aos comerciantes locais e também a banqueiros estrangeiros.

Contudo, à medida que a necessidade de financiamento crescia, era preciso buscar formas mais eficientes de se obter capital. Assim, surgiu a ideia dos títulos públicos, que consistiam em promissórias emitidas pelo governo florentino, representando a dívida assumida pelos Medici perante seus credores.

Os títulos públicos florentinos eram atrativos para os investidores, pois ofereciam uma taxa de juros considerável, garantindo um retorno financeiro. Além disso, eles eram transferíveis, ou seja, podiam ser comprados e vendidos no mercado secundário, proporcionando liquidez aos investidores.

A emissão dos títulos públicos era realizada mediante um contrato formal entre o governo e o investidor. Nesse documento, eram especificados o valor do título, a taxa de juros, a data de vencimento e as formas de pagamento dos juros e do principal. Esses contratos eram cuidadosamente registrados em um livro conhecido como "registro das dívidas públicas", que fornecia transparência e segurança para ambas as partes envolvidas.

Vale ressaltar que os títulos públicos florentinos contribuíram para o desenvolvimento da economia da cidade, uma vez que a emissão desses títulos permitia o acesso a recursos financeiros que impulsionavam a atividade comercial e a produção de bens e serviços. Além disso, a criação de um mercado secundário para negociação dos títulos proporcionava uma maior circulação de capital na região.

O mercado de títulos públicos em Florença tornou-se um exemplo de eficiência e transparência no âmbito financeiro. Esse modelo de financiamento por meio de títulos públicos influenciou outras regiões da Europa e foi adotado por diferentes governos ao longo da história.

Assim, a origem do mercado de títulos públicos em Florença revela a capacidade visionária e empreendedora dos Medici, além de evidenciar a importância do financiamento público para o desenvolvimento econômico de uma cidade durante o Renascimento.

Já o mercado de títulos de crédito privado de renda fixa desempenha um papel crucial no sistema financeiro, oferecendo oportunidades de investimento para diversos agentes econômicos, como empresas, instituições financeiras e investidores individuais.

Os títulos de crédito privado de renda fixa são instrumentos financeiros emitidos por empresas ou instituições não governamentais, representando uma dívida assumida por essas entidades perante seus credores. Ao investir em títulos de crédito privado, os investidores emprestam recursos para a entidade emissora em troca de juros e prazo de vencimento pré-determinados.

A importância desse mercado reside na diversificação das opções de investimento disponíveis. Enquanto os títulos de crédito público (como os emitidos pelo governo) são considerados tradicionalmente mais seguros, os títulos de crédito privado de renda fixa oferecem a oportunidade de obter maiores retornos, uma vez que os emissores estão dispostos a pagar taxas de juros superiores às oferecidas pelos títulos públicos.

No entanto, é importante ressaltar que os títulos de crédito privado de renda fixa também apresentam riscos a serem considerados. O principal é o chamado risco de crédito, ou seja, a possibilidade de o emissor do título não conseguir honrar seus compromissos financeiros, resultando em inadimplência. Esse risco está diretamente relacionado à saúde financeira da empresa emissora e à capacidade de gerar fluxo de caixa suficiente para cumprir com as obrigações de pagamento.

Outros riscos associados aos títulos de crédito privado incluem o risco de liquidez, ou seja, a dificuldade de encontrar compradores para os títulos em determinados momentos, e o risco de mercado, que está relacionado a variações nas taxas de juros e nas condições econômicas que podem afetar o valor dos títulos.

Apesar disso, o mercado de títulos de crédito privado de renda fixa oferece potenciais de retorno interessantes para investidores dispostos a assumir uma parcela de risco em suas carteiras. A diversificação adequada dos investimentos, combinada com uma análise criteriosa dos emissores dos títulos, pode ajudar a mitigar os riscos envolvidos.

É importante ressaltar que, antes de investir em títulos de crédito privado de renda fixa, os investidores devem buscar conhecimento sobre o mercado, avaliar a solidez financeira dos emissores e considerar seus próprios objetivos de investimento e sua tolerância ao risco.

Em resumo, o mercado de títulos de renda fixa desempenha um papel relevante no sistema financeiro, oferecendo oportunidades de investimento e possibilitando a diversificação das carteiras. Porém, é essencial que os investidores estejam cientes dos riscos envolvidos e realizem uma análise criteriosa antes de tomar suas decisões de investimento. Deixar de tomar esses cuidados pode ser um erro do tamanho de um bonde.

06

PARIS: DA MAGIA À BOLHA FINANCEIRA — SEGREDOS E LIÇÕES DA MISSISSIPPI COMPANY

Neste capítulo, descrevo a minha experiência em Paris, desde a beleza da cidade até a visita a locais emblemáticos, como o Museu de Yves Saint Laurent, a Torre Eiffel, o Louvre e a Catedral de Notre Dame. Compartilho a sensação de encanto e admiração que tive ao vivenciar esses momentos únicos.

Faço uma conexão com a bolha especulativa da Mississippi Company, que ocorreu no início do século XVIII, em Paris, e destaco como essa história financeira oferece lições importantes sobre os perigos das especulações desenfreadas e a influência dos rumores e expectativas no mercado financeiro. A bolha da Mississippi Company é um exemplo de euforia e confiança cega que levaram a resultados desastrosos.

Aproveito para destacar a importância de utilizar checklists para evitar vieses comportamentais e tomar decisões fundamentadas. Enfatizo que um checklist pode ser uma ferramenta valiosa em diferentes áreas da vida, incluindo investimentos, e encorajo todos os leitores a lembrarem da "Regra de Paris" para evitar cometer erros significativos.

Ah, Paris! A cidade do amor, dos croissants dourados e das ruas adornadas por um encanto inigualável. Lá estava eu, hospedado em um charmoso hotel perto do Trocadéro, com vista para a majestosa Torre Eiffel. Era como se a cidade estivesse me saudando com um abraço caloroso, convidando-me a mergulhar em sua aura mágica.

Decidi iniciar minha jornada parisiense explorando o Museu de Yves Saint Laurent. Diante das obras desse gênio da moda, senti-me transportado para um universo de criatividade e elegância. Cada vestido, cada traço nos revelava a essência de uma mente brilhante, que configurou a moda como conhecemos hoje.

Com a inspiração de Yves Saint Laurent pulsando em meu peito, caminhei em direção à imponente Torre Eiffel. Sob o céu azul de Paris, ela se erguia majestosamente, conquistando corações com sua beleza icônica. Contemplei cada detalhe, desde os pilares de ferro forjado até o topo, onde o sol dançava com seus raios dourados.

A tarde chegava, e meu estômago clamava por uma experiência gastronômica parisiense. Encontrei um encantador bistrô, onde saboreei uma suculenta carne acompanhada de uma fresca *burrata*. Cada garfada era uma explosão de sabores, uma dança harmoniosa entre a carne macia e o queijo cremoso. Os aromas envolviam o ambiente, transportando-me para um fabuloso deleite culinário.

Após a refeição, era chegada a hora de me perder nas galerias infinitas do Louvre. Entre obras-primas e histórias contadas por pinceladas, encontrei-me diante de obras icônicas, como a *Mona Lisa* e a *Vênus de Milo*. A cada passo, um novo capítulo da história da humanidade se revelava, deixando-me completamente admirado diante da grandiosidade da arte.

No entanto, o momento mais marcante da minha estadia em Paris foi a visita à majestosa Catedral de Notre Dame. Enquanto explorava cada detalhe arquitetônico, sentia-me pequeno diante de tanta imponência. Admirei as gárgulas, que guardavam silenciosamente seus segredos, e me maravilhei com os vitrais, que transformavam a luz em cores vibrantes.

No momento em que deixei a catedral, como que guiado por um sopro do destino, algo inimaginável aconteceu. Ao chegar no hotel, lembro de ter recebido uma mensagem pelo Instagram de um aluno meu que tinha visto minha postagem na Catedral e que, inclusive, ficou sabendo do incêndio antes de mim, pedindo-me para abandonar o local com urgência. Pois é, poucos minutos depois de sair, as chamas engoliram o coração de Notre Dame, transformando aquele cenário de beleza intocada em uma cena de desolação. Minha gratidão encheu meu coração por ter vivido aquele momento único, ainda sem saber que seria o último de sua grandiosidade original. Fui até o Trocadéro e, de lá, consegui gravar a imagem da fumaça se espalhando pelo céu de Paris.

Paris, cidade das luzes, cidade das paixões, você me presenteou com momentos inesquecíveis e um misto de emoções. Cada passo dado em suas ruas foi uma mistura da história com o presente, do encanto com a surpresa. Minha alma se enriqueceu com a grandiosidade de suas obras e com a efemeridade da vida que se manifestou diante de meus olhos.

Mas nem só de arte vive Paris. A cidade foi sede de uma das maiores bolhas especulativas da história: a bolha da Mississippi Company.

Ocorrida no início do século XVIII, essa bolha é um episódio emblemático na história das finanças. Ela nos oferece valiosas lições sobre os perigos das especulações desenfreadas e a influência dos rumores e expectativas no mercado financeiro.

A Mississippi Company foi uma empresa fundada em 1717 com o objetivo de explorar e desenvolver os territórios da Louisiana, na América do Norte, então pertencentes à França. A empresa obteve o monopólio do comércio com a região e adquiriu um enorme prestígio na França.

No entanto, o que ocorreu em seguida foi uma verdadeira febre especulativa. A partir de 1719, as ações da empresa começaram a valorizar rapidamente, impulsionadas pela perspectiva de riquezas abundantes na América do Norte. Investidores de todo o país começaram a comprar as ações da empresa, esperando lucros exponenciais.

O problema é que essa valorização desenfreada era baseada em expectativas exageradas e informações distorcidas. A empresa não tinha uma base sólida de lucros ou bens tangíveis que justificassem tais valorizações. No entanto, o frenesi especulativo ganhou força, e muitos indivíduos, inclusive membros da nobreza e do clero, se lançaram ao mercado de ações.

O resultado foi uma bolha especulativa, na qual os preços das ações da Mississippi Company subiram a níveis astronômicos, desconectados totalmente de qualquer valor real. A confiança cega no potencial ilimitado da empresa levou a uma euforia generalizada, com investidores comprando ações cada vez mais caras na esperança de lucros ainda maiores.

No entanto, em 1720, a bolha estourou. As ações da empresa despencaram vertiginosamente, deixando muitos investidores arruinados. A realidade dos fracos resultados financeiros e da falta de substância da empresa se tornou evidente. A especulação cega foi substituída pelo pânico e pela corrida para vender as ações a qualquer preço.

A bolha da Mississippi Company nos ensina importantes lições sobre a irracionalidade dos mercados financeiros e o poder dos vieses comportamentais. Durante o período de euforia, os investidores foram influenciados por um otimismo desmedido, impulsionados por rumores e expectativas infundadas. A falta de análise crítica e a confiança excessiva nos outros levaram a um comportamento de manada, no qual todos seguiam a mesma direção sem questionar.

Além disso, essa bolha destaca a importância da fundamentação sólida nos investimentos. É essencial que os investidores avaliem cuidadosamente as empresas em que desejam investir, levando em consideração fatores como a solidez financeira, os fundamentos de negócio e a sustentabilidade do modelo de negócio. Ignorar esses aspectos pode levar a decisões baseadas apenas em expectativas e especulações, abrindo caminho para riscos significativos.

Em suma, a bolha da Mississippi Company é um lembrete importante de como a especulação e a confiança cega podem levar a resultados desastrosos nos mercados financeiros. Ela nos alerta para a necessidade de uma abordagem prudente e fundamentada nos investimentos, evitando os vieses comportamentais e tomando decisões embasadas em análises criteriosas. A história nos mostra que o mercado financeiro é suscetível a oscilações extremas, cabendo a nós, investidores, buscar conhecimento e prudência para evitar cair nas armadilhas das bolhas especulativas.

Eu já conhecia a história da Mississippi Company muito antes de visitar a cidade de Paris e ela acabou gerando algum insight subliminar para que eu e a minha equipe pudéssemos criar um dos trabalhos mais interessantes da minha carreira. Uma espécie de checklist para investidores, um "checklist de bolso", que pudesse ser lembrado e utilizado pelos investidores na hora de tomar decisões. Trata-se da Regra de Paris.

Em finanças comportamentais, muito frequentemente, recomenda-se a utilização de checklists para não se deixar levar pelos vieses. Trata-se de uma lista de verificação que contém uma série de itens ou tarefas a serem concluídas. É uma ferramenta simples, mas eficaz, que ajuda as pessoas a se organizar, garantindo que todas as etapas necessárias sejam cumpridas em determinada atividade ou processo.

O principal objetivo de um checklist é evitar erros, omissões ou esquecimentos. Ao seguir uma lista predefinida, as pessoas podem garantir que todas as ações importantes serão realizadas de maneira consistente e completa. Isso é particularmente útil em situações em que a precisão e a confiabilidade são essenciais, como em processos operacionais, procedimentos médicos, preparação para viagens, projetos, eventos, entre outros.

Além de evitar erros, um checklist pode trazer diversos benefícios. Ele ajuda a aumentar a eficiência, economizando tempo ao evitar retrabalho e permitindo uma execução mais rápida e consistente das tarefas. Além disso, pode melhorar a qualidade do trabalho, pois ajuda a padronizar processos e garante que nada será negligenciado.

Outra vantagem é que ele reduz o estresse e a sobrecarga mental. Ao ter uma lista clara de itens a serem verificados, as pessoas se sentem mais confiantes e menos propensas a esquecer algo importante. Isso proporciona uma sensação de controle e tranquilidade, especialmente em situações em que há muitas tarefas a serem realizadas ou quando há pressão de prazos.

Além disso, um checklist pode ser uma ferramenta de aprendizado e treinamento, especialmente para iniciantes ou em atividades complexas. Ao segui-lo, as pessoas podem aprender gradualmente os passos e procedimentos corretos, desenvolvendo habilidades e conhecimentos ao longo do tempo.

Em resumo, um checklist é uma ferramenta valiosa para auxiliar as pessoas em suas atividades diárias, profissionais ou pessoais. Ele promove a organização, a precisão, a eficiência e a confiabilidade, evitando erros e garantindo a conclusão adequada de todas as etapas necessárias. Seja para investir, planejar uma viagem, realizar um procedimento médico, executar tarefas operacionais ou qualquer outra atividade, um checklist pode ser um aliado poderoso para ajudar as pessoas a se manter no caminho certo e alcançar seus objetivos de maneira mais eficaz e tranquila.

A Regra de Paris nada mais é do que um checklist que tenta abordar os cinco pontos que considero atrapalhar as decisões de investimento com mais frequência. Vamos explorá-los:

O "P" de Paris representa "Projetar", o que significa pensar no longo prazo. Devemos evitar a miopia ao avaliar o retorno de investimentos destinados a um horizonte temporal mais distante. É importante lembrar da famosa frase de Warren Buffet: "O mercado de risco é uma enorme fonte de transferência de riqueza dos apressados para os pacientes."

Em seguida, temos o "A", que propõe cautela ao "Avaliar". Não devemos utilizar o retorno passado como a principal base de decisão. A própria regulação exige que as instituições alertem os investidores de que a rentabilidade passada não garante resultados futuros. No entanto, é comum vermos investidores cometerem esse erro e escolherem investimentos com base no histórico de maior rendimento. Os investimentos são sempre sobre o futuro e, por isso, as perspectivas são mais importantes do que o passado.

O "R" é de "Reduzir", e aqui é importante pensar na diversificação, evitando o problema do excesso de confiança e otimismo. Devemos sempre lembrar do ensinamento de Markowitz: "A diversificação ajuda a melhorar a eficiência de uma carteira."

O "I" é de "Identificar", relacionado à tolerância ao risco medida por meio de um questionário de perfil. Isso ajuda a evitar que o investidor assuma riscos maiores do que é capaz de suportar.

Por fim, temos o "S" que propõe que os riscos sejam "selecionados" de acordo com os objetivos financeiros do investidor.

A Regra de Paris busca enfatizar a importância de pensar a longo prazo, avaliar de forma adequada, diversificar para reduzir riscos, identificar a tolerância ao risco e selecionar os riscos alinhados aos objetivos financeiros. Seguir esses princípios pode ajudar os investidores a tomar decisões mais fundamentadas e evitar armadilhas comuns no mundo dos investimentos.

Espero que esta Regra fique na sua memória e, como todo bom checklist, ajude-o a evitar cometer erros importantes na hora de investir. Ah, e não se esqueça do caso da Bolha da Mississippi Company.

07

CHUVA PAULISTANA:

A JORNADA DO 1, 3, 6, 9 PARA TRANSFORMAR SUA APOSENTADORIA

Parecia um dia como tantos outros em São Paulo, mas aquele 21 de setembro de 2012 marcaria um momento especial. A suave chuva começou a cair do céu, encerrando um longo período de seca que já durava 65 dias. Era como se a natureza nos presenteasse com uma pausa merecida. Mas a chuva não era o único motivo pelo qual aquele dia era significativo. Durante meses, minha equipe e eu trabalhamos incansavelmente em um projeto importante, dedicando horas extras e enfrentando desafios. Nosso objetivo era claro: entregar um estudo que impactasse positivamente a vida das pessoas, especialmente no que dizia respeito à aposentadoria. Finalmente, na Expomoney de São Paulo, apresentamos pela primeira vez ao público o conceito do 1, 3, 6, 9, uma metodologia inspirada no Índice de Massa Corporal (IMC) e no livro ***Your Money Ratios*** de Charles Farrell. Nossa proposta era oferecer uma abordagem prática e acessível para ajudar as pessoas a planejar seu futuro financeiro de forma eficaz. Naquele momento, sentimos a emoção e a satisfação de saber que nossos esforços poderiam transformar vidas.

Era um dia como tantos outros em São Paulo, no dia 21 de setembro de 2012, quando a suave chuva começou a cair do céu. Para muitos, era apenas mais um dia chuvoso na cidade, mas para nós, aquele momento era especial. Ele marcava o fim de um longo período de seca que já durava 65 dias, o mais longo desde a estiagem de 1985. Era como se a natureza nos presenteasse com uma pausa merecida.

No entanto, a chuva não era o único motivo pelo qual aquele dia era significativo. Pairava no ar uma sensação de encerramento, como se um ciclo estivesse se completando. Durante meses, eu e minha equipe, composta por Luiz, Leonardo, Leandro e Hanne, trabalhamos incansavelmente em um projeto importante. Enquanto tocávamos nossas atividades cotidianas, dedicamos horas extras para entregar um estudo que nos encheu de orgulho.

Foi um período intenso, repleto de trabalho árduo e comprometimento. Os dias se confundiam com as noites, e os momentos de pausa eram regados a café, almoços em grupo e, ocasionalmente, *happy hours* para aliviar a tensão. Nosso objetivo era claro: entregar um estudo que pudesse impactar positivamente a vida das pessoas, especialmente no que dizia respeito à aposentadoria.

Após inúmeros esforços, o tão esperado dia finalmente chegou. A Expomoney de São Paulo seria o palco para a apresentação do nosso trabalho. Porém, a confirmação só veio poucos dias antes, quando recebemos a notícia de que o conceito havia sido registrado pela equipe de propriedade intelectual do Banco. Era um sinal de que estávamos no caminho certo e que nosso trabalho tinha valor.

A tarde daquela sexta-feira carregava consigo uma mistura de nervosismo e excitação. Era o momento em que apresentaríamos ao público, pela primeira vez, o conceito do 1, 3, 6, 9, uma metodologia inspirada no Índice de Massa Corporal (IMC) e influenciada pelo livro *Your Money Ratios*, de Charles Farrell. Nossa proposta era oferecer uma abordagem prática e acessível para ajudar as pessoas a se preparar para a aposentadoria e planejar seu futuro financeiro de forma mais eficaz.

O Índice de Massa Corporal (IMC) é uma medida comumente utilizada para avaliar se uma pessoa está dentro de uma faixa considerada saudável em relação ao peso e altura. Ele pode fornecer uma avaliação inicial do peso e ajudar a identificar possíveis riscos à saúde, como doenças cardíacas e diabetes tipo 2. O IMC também pode servir como incentivo para aqueles que desejam adotar um estilo de vida mais saudável, acompanhando o progresso na perda de peso.

No entanto, é importante lembrar que o IMC é uma medida simplificada e não leva em consideração outros fatores importantes, como composição corporal e níveis de atividade física. Além disso, não diferencia entre variados tipos de gordura corporal, como a visceral e a subcutânea. Portanto, é necessário considerar outros indicadores de saúde e realizar uma avaliação mais abrangente em conjunto com o IMC.

Nosso trabalho tinha sido exatamente esse: encontrar um IMC de Bolso que permitisse às pessoas, a partir de parâmetros simples, saber se sua condição financeira estava favorável. Assim como o IMC tem limitações, não esperávamos que nosso trabalho abrangesse todos os aspectos da vida financeira das pessoas, mas que servisse como uma diretriz. E, principalmente, que gerasse urgência em um assunto que, para a maioria das pessoas, não parece ser urgente, já que os efeitos da falta de planejamento para a aposentadoria só são revelados no futuro distante.

Por outro lado, o livro *Your Money Ratios* é um guia financeiro escrito por Charles Farrell, um renomado planejador financeiro. O livro apresenta uma abordagem prática e simples para avaliar a saúde financeira e tomar decisões inteligentes sobre as finanças pessoais. Farrell introduz uma série de proporções financeiras que ajudam a determinar se alguém está no caminho certo para alcançar seus objetivos financeiros, abrangendo áreas como economia, investimentos, gastos, dívidas e renda.

Ao longo do livro, Farrell explica cada proporção, oferece orientações sobre como calculá-las e interpretá-las, além de fornecer conselhos práticos para melhorar essas proporções. Ele aborda questões importantes, como economizar para a aposentadoria, pagar dívidas, investir adequadamente e criar um plano financeiro abrangente. O objetivo é fornecer aos leitores uma estrutura clara e acionável para avaliar e aprimorar sua situação financeira, baseada em princípios sólidos de finanças pessoais.

A recomendação era (e continua sendo) que as pessoas acumulassem, em momentos chave da vida, valores correspondentes a 1, 3, 6 e 9 anos de renda, respectivamente aos 35, 45, 55 e 65 anos de idade. Dessa forma, considerando as premissas cuidadosamente trabalhadas em conjunto com a equipe econômica da Itaú Asset, as pessoas poderiam manter um bom padrão de vida na aposentadoria, complementando a renda gerada pelo INSS.

Além disso, a regra também sugere os percentuais da renda a serem guardados, que variam de acordo com a idade em que as pessoas começam a poupar. Aqueles que começam entre os 25 e os 40 anos devem guardar mensalmente o valor correspondente à sua idade menos 15. Por exemplo, alguém que começa a guardar aos 28 anos deve poupar 13% da sua renda (28 - 15) até os 65 anos. A partir desse ponto, a regra se torna não linear, indicando que uma pessoa que começa a se preparar aos 45 anos deve guardar o valor correspondente à sua idade menos 10, ou seja, 35% da renda. Já aqueles que começam aos 50 anos devem poupar 50% da renda.

O conceito do 1, 3, 6, 9 destaca não apenas a importância dos valores a serem guardados para a aposentadoria, mas também gera um senso de urgência para começar o mais cedo possível, visando alcançar a tão sonhada independência financeira quando chegar o momento de parar de trabalhar. Além disso, reforça a importância de realizar investimentos adequados para atingir uma rentabilidade de 3,5% ao ano acima da inflação, que é uma das premissas fundamentais.

Durante a apresentação, as perguntas vindas da plateia, com mais de duzentas pessoas, confirmaram o impacto causado. Esclarecemos dúvidas sobre o percentual a ser guardado para a aposentadoria, que varia conforme a idade em que se começa a poupar. Também discutimos a diversidade de opções de investimento, ressaltando que não é necessário limitar-se exclusivamente a produtos de previdência. E, por fim, explicamos que propriedades imobiliárias podem ser consideradas, desde que destinadas a investimentos, não para moradia própria.

Ao encerrar o evento, sentimos uma profunda realização pessoal. Naquela noite, enquanto pegava meu carro para voltar para casa, a chuva havia passado. E assim como ela lavava a cidade, nossa apresentação havia deixado sua marca nas mentes daqueles que estavam presentes. Era um momento de orgulho e de acreditar no poder de transformação que nossos esforços poderiam proporcionar às pessoas.

08

O MELHOR INVESTIMENTO DO MUNDO:

UMA LIÇÃO DE SEVILHA

Sevilha, uma cidade deslumbrante, onde as ruas guardam a história de povos que ali passaram. Fundada pelos fenícios e marcada por influências cartaginesas, romanas, muçulmanas e cristãs, Sevilha é um verdadeiro tesouro cultural. Enquanto caminhava por suas ruas, cada esquina revelava um pedacinho fascinante do passado. No Arquivo das Índias, as cartas de Colombo e o Tratado de Tordesilhas guardavam segredos do Novo Mundo. E ali pertinho, na imponente Catedral de Sevilha, repousam os restos mortais de Cristóvão Colombo, o explorador cuja origem e nacionalidade ainda são objeto de debate e especulação.

Independentemente de sua nacionalidade exata, eu buscava responder a uma pergunta recorrente: Qual teria sido o melhor investimento do mundo? A resposta poderia estar na expedição de Colombo, que levou a Espanha a extrair riquezas do Novo Mundo por séculos, mas que nos leva a uma lição poderosa sobre o poder da capitalização composta no longo prazo.

Em minha jornada por Sevilha, enfrentei contratempos, como o infortúnio de perder minha carteira nas estreitas ruas da cidade. Mesmo assim, a beleza e a história de Sevilha ficariam marcadas em minha memória. Enquanto saboreava minha taça de Jerez Andalus, acompanhada de pão com ***jamón*** e tomate, eu refletia sobre o passado e criava um conselho para o futuro: buscar orientação em investimentos alinhados ao perfil individual, aproveitando o poder da capitalização composta.

Sevilha, uma das cidades mais lindas do mundo! Suas ruas guardam a história de diversos povos que por ali passaram. Fundada pelos fenícios, já tinha sido cartaginesa, romana, muçulmana e cristã. Além disso, é considerada a primeira cidade europeia a ter contato ativo com as novidades vindas do Novo Mundo. Sevilha é um verdadeiro tesouro de cultura e patrimônio.

Enquanto caminhava por suas ruas, cada esquina me revelava um pedacinho da história. No Arquivo das Índias, encontram-se as cartas de Colombo e os originais do Tratado de Tordesilhas. Logo adiante, o majestoso Alcázar, um palácio muçulmano que hoje é residência da família real espanhola e o mais antigo palácio em funcionamento de toda a Europa. A poucos passos, deparava-me com a imponente Catedral de Sevilha, a maior catedral gótica do mundo, onde repousam os restos mortais de ninguém menos que Cristóvão Colombo. Aliás, era por causa dele que eu estava ali.

Cristóvão Colombo, um nome que ecoa através dos séculos como um dos exploradores mais renomados da história. No entanto, mesmo com sua notoriedade, a origem e a nacionalidade dele ainda são motivo de debates e especulações. Enquanto muitos acreditam que era genovês, há também aqueles que defendem a teoria de que era espanhol.

Acredita-se que Cristóvão Colombo tenha nascido em Gênova, uma cidade portuária italiana conhecida por sua rica tradição marítima. Os defensores da teoria genovesa apontam para uma série de evidências históricas, como registros que indicam a presença de um indivíduo chamado Cristoforo Colombo em Gênova durante o período em que o navegador teria nascido.

No entanto, há argumentos convincentes que sugerem uma possível ligação espanhola para Colombo. Durante sua vida, ele estabeleceu uma estreita relação com a Coroa Espanhola, mais especificamente com os Reis Católicos, Fernando e Isabel. Foi sob o patrocínio espanhol que ele realizou suas viagens históricas ao Novo Mundo. Além disso, adotou a língua espanhola como sua principal forma de comunicação e residia principalmente na Espanha usando o nome Cristóbal Colón. Será que o Cristoforo Colombo de Gênova era o mesmo Cristóbal Colón da Espanha? Essa é uma pergunta que ainda está em aberto.

A questão da nacionalidade de Colombo é complexa e envolve não apenas sua origem, mas também a identidade que ele construiu ao longo de sua vida. Como navegante e explorador, ele se tornou uma figura transnacional, cujas viagens e descobertas transcendiam as fronteiras nacionais. Sua herança é compartilhada por diferentes países e culturas que se orgulham de sua contribuição para a expansão do conhecimento geográfico.

Independentemente de sua nacionalidade exata, é inegável que a figura de Cristóvão Colombo teve um impacto significativo na história mundial. Sua coragem, determinação e ousadia abriram caminho para a exploração e colonização de novas terras, moldando o curso da história e estabelecendo conexões duradouras entre diferentes partes do mundo.

Mas mais do que debater sua origem, eu estava procurando respostas às perguntas que muitas vezes me fazem, de qual teria sido o melhor investimento do mundo, a qual, sinceramente, tenho dificuldade em responder. No entanto, um dos principais candidatos a esse título seria o investimento feito em uma expedição com três pequenas caravelas. Aquelas embarcações cruzaram o oceano e chegaram a terras que, ao longo de mais de trezentos anos, proporcionaram ao Reino da Espanha a extração de toneladas de ouro, prata e pedras preciosas. Além disso, foram responsáveis pela introdução de produtos que rapidamente conquistaram o paladar popular, como o milho, a batata, o controverso tabaco, o abacate, o tomate e o chocolate...

Pode parecer fácil atribuir àquele investimento o título de melhor investimento do mundo, mas só parece... Se o dinheiro investido naquela expedição, estimado por mim em algo em torno de US$200 mil atuais, tivesse sido aplicado em um investimento que rendesse, em termos reais, 4% ao ano, durante os 530 anos que nos separam de 1492 até os dias de hoje, a Espanha teria dinheiro suficiente para comprar mais de 100 vezes todas as reservas de ouro de todos os países do mundo SOMADAS, ou até mesmo a soma de todos os ativos financeiros do mundo. Olé!

Essa é uma lição poderosa sobre o poder da capitalização composta no longo prazo, com seus rendimentos, rendimentos sobre rendimentos e rendimentos sobre rendimentos sobre rendimentos... Até mesmo os projetos mais rentáveis sucumbem diante desse fenômeno.

E é com esse conhecimento do passado que eu dou um conselho para o futuro: procure uma boa assessoria que o oriente sobre as melhores opções de investimento alinhadas ao seu perfil para, assim, investir no longo prazo. Seu dinheiro agradece, tanto hoje quanto no futuro.

No entanto, nem tudo foram maravilhas nessa viagem. Acabei perdendo minha carteira nas estreitas ruas de Sevilha, algo que me trouxe uma grande dor de cabeça e que nem a sangria, nem a cerveja foram capazes de aliviar. Mas mesmo com esse contratempo, a beleza e a história dessa cidade ficariam marcadas para sempre em minha memória.

Agora, como não sou de ferro e estava de férias, decidi tomar minha taça de Jerez Andalus para acompanhar meu pão com *jamón* e tomate e, depois, saborear um churro... com chocolate.

09

MÁLAGA: O BRILHO DO SOL, A REVOLUÇÃO DAS CRIPTOMOEDAS E A ARTE DE PICASSO – CONEXÕES INESPERADAS ENTRE CULTURA, INVESTIMENTOS E TECNOLOGIA

Neste capítulo vamos embarcar em uma jornada fascinante por Málaga, uma cidade banhada pelo sol mediterrâneo. Suas ruas vibrantes e cheias de história cativam todos os que a visitam, oferecendo uma experiência única de elegância e sofisticação ao caminhar pela famosa rua Larios. Além disso, Málaga nos presenteia com uma rica cultura gastronômica, onde o aroma das ***tapas*** e dos vinhos tradicionais enche o ar em lugares como El Pimpi.

Mas há mais a ser explorado aqui. Essa cidade, uma das mais antigas da Europa, guarda consigo uma história que remonta ao século VIII a.C. Moedas fenícias e cartaginesas já trocavam de mãos em suas ruas, e hoje, em meio à efervescente revolução monetária das criptomoedas, é inevitável refletir sobre as questões do futuro. O texto em questão traz perspectivas técnicas sobre a estratégia de investimento em criptoativos, destacando a importância da diversificação, evitando a concentração em um único ativo, e implementando a estratégia de diversificação ao longo do tempo.

Além disso, explora a fascinante conexão entre arte e tecnologia, relacionando o legado de Pablo Picasso, um dos maiores pintores do século XX, com a atual revolução das NFTs. Assim como Picasso desafiou as convenções artísticas de sua época, estamos presenciando uma nova forma de arte e investimento surgir diante de nós, impulsionada pela tecnologia e pela criatividade.

Convido a todos a mergulhar nesta leitura, que nos convida a desfrutar a vida, compreender o mercado das criptomoedas e explorar a intersecção entre arte e investimento.

Málaga, uma cidade encantadora banhada pelo sol mediterrâneo. Suas ruas vibrantes e cheias de história cativam todos que a visitam. Ao caminhar pela famosa rua Larios, repleta de lojas elegantes e boutiques charmosas, senti-me imerso em um cenário de elegância e sofisticação. Mas foi em El Pimpi, um autêntico ícone da cidade, que descobri o verdadeiro sabor de Málaga. O aroma das *tapas* e dos vinhos tradicionais enche o ar, enquanto a atmosfera animada e acolhedora envolve a todos. E como não mencionar La Manquita, a majestosa Catedral de Málaga, com sua singular torre inacabada, que se destaca no horizonte, contando histórias de fé e arquitetura que atravessam os séculos. Em Málaga, a cultura, a gastronomia e a beleza se fundem em um abraço caloroso, convidando-o a desfrutar a vida a cada momento.

Ela também é uma das cidades mais antigas da Europa, possuindo uma história que remonta ao século VIII a.C. Moedas fenícias e cartaginesas trocavam de mãos em Málaga e, em tempos mais recentes, as pesetas espanholas foram substituídas pelo euro como moeda corrente. Ao olharmos para o passado, é inevitável refletir sobre as questões do futuro, especialmente em um mundo que vive uma efervescente e muito debatida revolução monetária: o crescimento das criptomoedas.

Atualmente as criptomoedas e os criptoativos têm conquistado espaço na mente e nos bolsos das pessoas. O debate sobre a estratégia de investir nesse tipo de ativo ganha perspectivas mais técnicas, incorporando importantes ensinamentos de outros ativos de risco. Nesse sentido, três pontos se destacam:

1. Não faça dos criptoativos o seu principal investimento. É fundamental ter outras classes de ativos, como renda fixa e renda variável, para equilibrar os riscos. Nossa recomendação é que investidores moderados, arrojados e agressivos aloquem, no máximo, 1%, 2% e 3%, respectivamente, em criptomoedas. Para o investidor conservador, que busca menor exposição a riscos e maior liquidez, é recomendado evitar esse mercado.
2. Evite a concentração em um único criptoativo. Lembre-se do conceito de diversificação. Invista em ETFs ou fundos ativos que contemplem diversos ativos, pois não é possível prever quais serão os maiores destaques e quais poderão até mesmo desaparecer em um mercado em constante evolução.
3. Implemente a estratégia de diversificação ao longo do tempo. Ao espalhar suas compras a longo prazo, em vez de investir tudo de uma vez, é possível reduzir o risco de adquirir criptoativos em um único momento de alta exagerada, com preços super avaliados.

Esses são alguns conselhos que podem ajudá-lo a compreender como investir em criptoativos. No entanto, é sempre importante contar com uma boa assessoria especializada em investimentos para orientá-lo de acordo com seu perfil e objetivos. O mundo das criptomoedas oferece oportunidades, mas também apresenta riscos significativos. Por isso, é importante estar bem informado e contar com o suporte adequado.

Málaga é também a cidade natal de um dos maiores e mais influentes pintores do século XX. Tudo aqui remete a Pablo Picasso: sua casa natal, a escola que frequentou e até mesmo os bares e restaurantes que ele costumava visitar enquanto morava nesta cidade antes de partir para centros culturais, como Barcelona e Paris.

No final do século XIX, com a invenção da fotografia, muitos pintores da época começaram a questionar como a pintura poderia se diferenciar, deixando de replicar a natureza, as pessoas e o ambiente ao redor. E assim, coisas fantásticas começaram a surgir. Nas décadas seguintes, e até os dias de hoje, a objetividade da fotografia provocou grandes mudanças nas tendências e expressões artísticas como um todo, impulsionando uma verdadeira evolução técnica que se tornou o catalisador de um novo mercado.

É nesse contexto que surge Picasso, um verdadeiro revolucionário. Insatisfeito com as regras tradicionais da Real Academia de Bellas Artes de San Fernando, ele decidiu criar algo completamente novo e enfrentou o desafio de representar, em três dimensões, aquilo que tradicionalmente era retratado em duas, com um olhar quase que abrangente de 360 graus. Sua produção artística foi colossal, em parte devido ao fato de ele ter começado a pintar desde muito jovem, ainda em Málaga. Estima-se que tenha produzido mais de 100 mil obras ao longo de sua vida, um feito verdadeiramente impressionante.

E o que isso tem a ver com os nossos investimentos atuais? Estamos vivendo um momento de grande avanço tecnológico, em que o mundo da arte e da tecnologia se unem em uma revolução chamada de NFTs (Tokens Não Fungíveis, na sigla em inglês). As NFTs são obras de arte criadas para o ambiente digital, ou seja, mais um tipo de ativo que faz parte da família das criptomoedas. Assim como na arte física, a autenticidade das NFTs é essencial. Elas devem assegurar sua legitimidade como um bem exclusivo, que ninguém mais possui. E é isso que tem atraído atletas, empresários e entusiastas em busca dessas obras digitais, algumas das quais alcançam valores surpreendentes, chegando a valer centenas de milhões de dólares.

Mais uma vez, o mercado da arte e dos investimentos caminham juntos, e entrar nessa junção pode não ser simples, com riscos elevados, mas certamente oferece um grande potencial de valorização. Assim como Picasso desafiou as convenções artísticas de sua época, estamos presenciando uma nova forma de arte e investimento surgir diante de nós, impulsionada pela tecnologia e pela criatividade. Málaga, berço de Picasso, continua sendo um ponto de referência cultural e uma inspiração para aqueles que buscam inovar e explorar os limites do possível.

10

CAFÉ, COMMODITIES E CULTURA:

HISTÓRIA E SABORES NO MUSEU DO CAFÉ EM SANTOS

Neste capítulo, vamos mergulhar na história por trás do "ouro negro" brasileiro no Museu do Café em Santos. Explore a antiga Bolsa do Café, mergulhe na arquitetura histórica e maravilhe-se com os afrescos de Benedito Calixto. Aprenda sobre a importância do café na economia brasileira e como as commodities têm impulsionado o crescimento global e os mercados. Venha desfrutar de uma experiência cultural e saborosa, onde o passado e o presente se encontram em uma xícara de café.

Não tem com ir a Santos e deixar de visitar o Museu do Café. É um importante ponto turístico e cultural que preserva a história e a importância do café na economia brasileira. Situado no antigo edifício da Bolsa do Café, o museu oferece uma experiência fascinante aos visitantes, combinando arquitetura histórica, exposições interativas e afrescos impressionantes.

A Bolsa do Café de Santos teve uma importância significativa na história econômica do Brasil, principalmente durante o período áureo da produção e exportação de café no país, entre os séculos XIX e XX. A Bolsa funcionou como um centro de negociação e referência para o comércio do café brasileiro, consolidando-se como um dos principais mercados de café do mundo.

Através da Bolsa do Café, os produtores, exportadores e comerciantes podiam realizar transações de compra e venda do produto, além de estabelecer parâmetros e fixar preços para a commodity. Isso conferiu maior segurança e transparência às transações comerciais, além de facilitar a padronização e a precificação do café brasileiro no mercado internacional.

Além disso, a Bolsa do Café de Santos também desempenhou um papel importante na economia regional, impulsionando o desenvolvimento da cidade de Santos e de toda a região do Vale do Paraíba, que se tornou uma das principais produtoras cafeeiras do país. A Bolsa fomentou o surgimento de empresas relacionadas ao comércio e à exportação do produto, gerando empregos e impulsionando o crescimento econômico da região.

Seu funcionamento ocorria da seguinte forma:

- **Pregões:** Os pregões eram realizados diariamente, em uma sala específica dentro do prédio da Bolsa do Café. Os corretores e operadores se reuniam para negociar as sacas de café, levando em conta as cotações e a demanda do mercado. Os pregões eram marcados por um ambiente agitado, com a presença de diversos profissionais envolvidos no comércio do produto.
- **Negociação em "viva voz":** A negociação era feita por meio de "gritos", onde os corretores anunciavam em voz alta os preços de compra e venda das sacas de café. Os operadores interessados realizavam suas ofertas levantando placas com seus respectivos números de registro. Quando ocorria o fechamento de um negócio, o corretor e o operador envolvidos trocavam cartões com os detalhes da transação.

- **Quadro de cotações:** Durante o pregão, um quadro com as cotações atualizadas era utilizado para informar os preços de referência para as diferentes variedades e qualidades de café. Essas cotações eram baseadas em fatores como a qualidade, a safra, as condições de mercado e a demanda internacional.
- **Contratos a termo:** Além das transações imediatas, a Bolsa também permitia a negociação de contratos a termo, ou seja, acordos para a entrega futura de sacas de café. Esses contratos ajudavam a garantir a estabilidade e a previsibilidade das transações, permitindo que produtores e exportadores se planejassem melhor.
- **Arbitragem e resolução de conflitos:** A Bolsa do Café também oferecia serviços de arbitragem para resolver disputas e litígios que pudessem surgir durante as negociações. Caso houvesse desacordo entre as partes envolvidas em uma transação, um árbitro designado pela Bolsa analisava o caso e emitia uma decisão.

A Bolsa do Café de Santos foi um importante ponto de referência para o comércio de café brasileiro, ajudando a estabelecer os preços da commodity e a garantir a transparência e a segurança nas transações. Com o tempo, novas tecnologias e transformações no mercado levaram ao declínio da Bolsa, mas sua importância histórica permanece como um símbolo da era áurea do café no Brasil.

O prédio que abriga o Museu do Café, e já abrigou a Bolsa, é uma verdadeira joia arquitetônica. Construído no início do século XX, apresenta uma imponente fachada em estilo eclético, com detalhes neoclássicos e *art nouveau*. Ao entrar no museu, os visitantes são transportados no tempo. Os afrescos pintados por Benedito Calixto, um renomado artista brasileiro, são um destaque notável. Essas pinturas murais retratam cenas históricas relacionadas à produção, ao comércio e ao consumo de café, transportando os visitantes para o passado e ilustrando a importância dessa commodity.

Commodities, era isso o que eu ia abordar.

Os mercados de commodities desempenham um papel fundamental na economia global, sendo essenciais para a negociação e precificação de diversos produtos básicos. Commodity é um termo utilizado para designar produtos primários ou matérias-primas que são produzidos em larga escala e podem ser intercambiáveis.

Entre suas principais categorias, destacam-se os metais, o petróleo e os produtos agrícolas. Os metais, como o ouro, a prata, o cobre e o alumínio, são negociados nos mercados de commodities devido à sua utilidade na indústria e na fabricação de diversos produtos. O petróleo, por sua vez, é uma commodity energética de extrema importância, sendo utilizado como fonte de energia e matéria-prima na produção de combustíveis e petroquímicos. Já os produtos agrícolas englobam commodities como trigo, milho, café, soja, açúcar, entre outros, que são essenciais para a alimentação humana e animal.

As bolsas de futuros têm um papel fundamental na negociação de commodities. Um exemplo importante é a Bolsa de Mercadorias de Chicago (Chicago Mercantile Exchange - CME), que é uma das maiores bolsas de futuros do mundo. Nela, são negociados contratos futuros de commodities como grãos, carnes, laticínios, metais, energia e índices financeiros. Os contratos futuros permitem que produtores, comerciantes e investidores fixem preços e se protejam contra variações no valor das commodities ao longo do tempo.

No contexto brasileiro, a B3 (Brasil, Bolsa, Balcão) é a principal bolsa de valores do país e também oferece a negociação de contratos agrícolas. Através do segmento de Commodities da B3, são negociados contratos futuros de commodities agrícolas, como café, milho, soja, boi gordo e açúcar. Esses contratos permitem que produtores e compradores fixem preços antecipadamente, auxiliando na gestão de riscos e na previsibilidade de receitas.

A existência desses mercados e bolsas de commodities é crucial para a economia global, pois fornecem mecanismos de precificação, gerenciamento de riscos e liquidez para os produtores, comerciantes e consumidores desses produtos essenciais. Além disso, contribuem para a formação de preços transparentes e para a integração de mercados locais e internacionais, facilitando o comércio e impulsionando o desenvolvimento econômico.

Atualmente, o crescimento econômico da China tem desempenhado um papel significativo no impulsionamento dos preços das commodities em nível global. Nos últimos anos, a China se tornou a segunda maior economia do mundo e um dos principais consumidores de commodities, incluindo metais, energia e produtos agrícolas.

A rápida industrialização e urbanização da China têm aumentado sua demanda por recursos naturais, especialmente para a construção de infraestrutura, desenvolvimento urbano e produção industrial. O país tem sido um grande consumidor de metais, como cobre, alumínio, níquel e zinco, para alimentar sua indústria de manufatura e construção civil em expansão.

Além disso, a China é um dos maiores importadores de petróleo e carvão do mundo, impulsionado por sua crescente necessidade de energia para abastecer suas indústrias e suprir a demanda doméstica. O consumo de energia do país continua a crescer à medida que mais pessoas têm acesso a bens de consumo e à eletricidade.

No setor agrícola, a demanda chinesa por produtos alimentícios, como soja, milho, trigo e carnes, tem se expandido à medida que a sua classe média cresce e há uma mudança nos padrões de consumo. A busca por uma dieta mais diversificada e a demanda por alimentos processados e de maior valor agregado têm impulsionado as importações de produtos agrícolas.

A influência da China no mercado global de commodities é ainda mais acentuada devido à sua capacidade de afetar os preços por meio de políticas governamentais. O país tem estratégias de estoques planejados, reservas e políticas de importação/exportação que podem influenciar significativamente a oferta e a demanda de commodities em nível mundial.

Atualmente, ter exposição a commodities em uma carteira de investimentos pode trazer benefícios significativos, pois as commodities desempenham um papel crucial na economia global e oferecem oportunidades de diversificação, proteção contra a inflação e potencial de valorização.

Aqui estão algumas razões pelas quais pode ser vantajoso ter exposição a commodities em uma carteira de investimentos:

1. Diversificação: As commodities têm um desempenho muitas vezes descorrelacionado com outros ativos, como ações e títulos. Isso significa que podem agir como uma proteção contra a volatilidade e riscos específicos de outros investimentos. A inclusão de commodities em uma carteira diversificada pode ajudar a reduzir o risco global e melhorar a estabilidade dos retornos.
2. Proteção contra a inflação: As commodities, especialmente aquelas relacionadas a recursos naturais essenciais, como petróleo, metais preciosos e produtos agrícolas, tendem a se beneficiar em períodos de inflação. A inflação pode impulsionar os preços das commodities, pois o aumento nos custos de produção e na demanda pode resultar em maiores preços para esses bens. Ao ter exposição a commodities, os investidores podem se proteger contra a erosão do poder de compra causada pela inflação.
3. Potencial de valorização: As commodities são afetadas por fatores fundamentais, como oferta e demanda, condições climáticas, desenvolvimento econômico e geopolítica. Esses fatores podem levar a movimentos significativos em seus preços, proporcionando oportunidades de lucro para os investidores. Além disso, o crescimento econômico de países emergentes, como a China e a Índia, aumenta a demanda por commodities, o que pode impulsionar seus preços.
4. Hedge contra riscos específicos: A exposição a commodities também pode servir como um hedge contra riscos específicos de setores ou regiões. Por exemplo, investir em commodities energéticas, como petróleo e gás natural, pode ajudar a mitigar

o risco de choques de oferta ou eventos geopolíticos no setor de energia. Da mesma forma, investir em commodities agrícolas pode ajudar a proteger contra riscos climáticos que afetam a produção de alimentos.

No entanto, é importante ter em mente que investir em commodities também apresenta riscos, como volatilidade de preços, riscos geopolíticos, flutuações cambiais e riscos específicos de cada uma delas. Portanto, é recomendado que os investidores diversifiquem sua exposição a commodities e busquem aconselhamento profissional ao construir uma carteira de investimentos que inclua esses ativos.

Agora você já sabe: da próxima vez que visitar a cidade de Santos, não deixe de ir ao Museu do Café. Você vai poder sentir não só a importância que o produto teve no desenvolvimento do Brasil, mas também a relevância que as commodities em geral têm atualmente na economia global. Além disso, não deixe de desfrutar de um saboroso cafezinho de excelente qualidade, como não poderia deixar de ser em um lugar tão icônico.

11

BARCELONA:

DIVERSIFICAÇÃO E UM TRIBUTO A JOHAN CRUYFF

Gosto de Barcelona por causa de sua vibrante arquitetura e cores cativantes. A cidade é conhecida como o berço do modernismo catalão, um movimento artístico que encantou o mundo. Cada rua é como um museu arquitetônico a céu aberto, revelando uma história fascinante.

Johan Cruyff, lendário jogador e técnico do Barcelona, deixou um legado inesquecível na cidade. Foi defensor das causas democráticas e, inspirado por uma criança com síndrome de Down, criou uma fundação esportiva para a inclusão de pessoas com deficiência. Sua influência vai além do campo, deixando um legado duradouro no esporte e na sociedade.

Assim como ele enfatizou a importância de jogar como um time, uma carteira diversificada busca o equilíbrio entre os ativos para alcançar o sucesso financeiro.

Gosto de Barcelona, não só porque meu pai nasceu lá, como talvez alguns saibam, mas sim porque ela é uma cidade de cores vibrantes e arquitetura cativante. É o berço de um movimento artístico que transcendeu fronteiras e encantou o mundo: o modernismo catalão. Passear pelas ruas de Barcelona é como entrar em um museu arquitetônico a céu aberto, onde cada esquina revela um novo capítulo dessa história fascinante.

O modernismo catalão floresceu no final do século XIX e início do século XX, impulsionado pelo talento visionário de artistas como Antoni Gaudí, Lluís Domènech i Montaner e Josep Puig i Cadafalch. Esses mestres arquitetos deixaram sua marca indelével na cidade, criando obras-primas que desafiam as convenções e exaltam a imaginação.

A Sagrada Família, o mais icônico símbolo de Barcelona e uma das maiores realizações de Gaudí, é uma visão impressionante. Suas torres imponentes se erguem para o céu, enquanto suas fachadas detalhadas contam histórias bíblicas com uma estética única. Cada detalhe da Sagrada Família é uma expressão artística, desde os vitrais coloridos que banham o interior em luz celestial até os intricados detalhes da fachada da Paixão, que evocam uma profunda emoção.

Outra joia do modernismo catalão é o Parque Güell, um refúgio encantador que combina a natureza exuberante com a visão singular de Gaudí. Os mosaicos coloridos e as formas orgânicas dos bancos, fontes e esculturas fazem deste parque um lugar mágico, onde a imaginação ganha vida. Caminhar pelos caminhos sinuosos do Parque Güell é como entrar em um mundo de fantasia, onde a arquitetura se funde harmoniosamente com a natureza.

Mas o modernismo catalão não se restringe apenas a essas grandes obras arquitetônicas. Por toda a cidade, edifícios comerciais, residenciais e até mesmo os lampiões nas ruas são adornados com detalhes modernistas, como arabescos, vitrais coloridos e elementos florais. Cada esquina oferece uma nova surpresa visual, uma combinação perfeita entre funcionalidade e arte.

Além da arquitetura, o modernismo catalão também influenciou outras formas de expressão artística, como pintura, escultura e design de interiores. Artistas como Ramon Casas e Santiago Rusiñol retrataram a vida boêmia e a atmosfera vibrante de Barcelona em suas obras, capturando a essência da cidade em pinceladas de cores e traços audaciosos.

O modernismo catalão é mais do que um movimento artístico; é uma filosofia que celebra a originalidade, a criatividade e a conexão com a natureza. Em suas formas sinuosas, nas cores exuberantes e na atenção meticulosa aos detalhes, o modernismo catalão reflete a identidade única de Barcelona e a paixão de seus artistas em criar uma cidade que é um verdadeiro tesouro artístico.

Hoje, o modernismo catalão continua vivo e pulsante em Barcelona. A cidade abraça seu legado e preserva suas obras, permitindo que os visitantes e moradores desfrutem desse legado artístico extraordinário. Barcelona é uma cidade que não apenas acolhe o modernismo catalão, mas também o celebra, convidando todos a se maravilhar com sua beleza e a se deixar levar pela magia desse movimento que transcende o tempo.

Entretanto, muitas das pessoas que hoje admiram a cidade o fazem por causa do Barça, o principal time de futebol da cidade e que, com o passar do tempo, se tornou um dos principais do mundo. O time do Barcelona tem um gosto especial pelo toque de bola em um jogo coletivo em alta velocidade, que tem suas origens na lógica de jogar futebol criada pela seleção holandesa de 1974. A influência que os holandeses Rinus Michels, Johan Neeskens e, principalmente, Johan Cruyff tiveram sobre a forma de jogar do time catalão é enorme. Essa influência não parou por aí. Outros holandeses, como Rijkaard e Koeman, também deixaram suas marcas.

A lição financeira deste capítulo está ligada a uma frase de Johan Cruyff. Mas antes de chegar lá, gostaria de prestar uma breve homenagem a ele, escrevendo sobre suas importantes influências não apenas dentro, mas também fora de campo.

Johan Cruyff foi um renomado jogador e treinador de futebol holandês. Ele nasceu em 25 de abril de 1947, em Amsterdã, e faleceu em 24 de março de 2016, em Barcelona, Espanha. Cruyff é amplamente considerado um dos melhores jogadores de futebol de todos os tempos e um dos maiores expoentes do "Futebol Total" da seleção holandesa nos anos 1970.

Durante sua carreira como jogador, Cruyff atuou principalmente como meio-campista ofensivo e atacante. Ele foi conhecido por sua elegância, visão de jogo excepcional, habilidade técnica, controle de bola preciso e capacidade de marcar gols. Cruyff defendeu clubes como Ajax e Barcelona, conquistando inúmeros títulos nacionais e internacionais.

No Ajax, ele desempenhou um papel fundamental na conquista de três títulos consecutivos da Liga dos Campeões da UEFA entre 1971 e 1973. Ele também foi uma peça-chave na seleção holandesa que chegou à final da Copa do Mundo de 1974, conhecida por seu estilo de jogo revolucionário, baseado em movimentação constante, toque de bola rápido e tática ofensiva.

Após sua carreira como jogador, Cruyff se tornou um renomado treinador de futebol. Ele implementou sua filosofia de jogo, conhecida como "Futebol Total", ou "Cruyffismo", em clubes como Barcelona e Ajax, obtendo grande sucesso. Sob seu comando, o Barcelona conquistou quatro títulos consecutivos de La Liga e da Liga dos Campeões da UEFA em 1992.

Além de suas conquistas no futebol, Cruyff também foi um influente pensador do esporte, contribuindo para o desenvolvimento de ideias sobre táticas, treinamento e filosofia de jogo. Sua abordagem revolucionária do futebol deixou um legado duradouro e inspirou várias gerações de jogadores e treinadores ao redor do mundo.

Johan Cruyff foi um ícone do futebol, tanto como jogador excepcional quanto como líder visionário. Sua contribuição para o esporte é amplamente reconhecida e ele é lembrado como um dos grandes nomes da história do futebol. Entretanto, sua obra fora de campo foi ainda maior.

Diz a lenda que, enquanto jogava nos Estados Unidos, já perto do fim da carreira, havia na sua vizinhança uma criança com síndrome de Down que sempre ficava de lado, pois não era escolhida pelos colegas para jogar futebol com eles. O futebol era um esporte em alta naquele momento no país. Dizem que Cruyff, comovido com a situação do menino, costumava se aproximar dele, pegavam uma bola e trocavam uma série de passes, brincando juntos. Ao retornar de uma viagem de algumas semanas, Cruyff viu que o menino com síndrome de Down tinha sido chamado para jogar com os outros meninos da rua, e isso o comoveu profundamente. Ele, então, perguntou aos capitães por que agora estavam incluindo o menino nos times, e eles responderam: "Se ele é capaz de jogar bola com Johan Cruyff, certamente está capacitado para jogar conosco." Conta-se que foi inspirado por esse menino que Johan Cruyff criou uma das maiores fundações esportivas voltadas para a inclusão de pessoas com síndrome de Down.

A Cruyff Foundation, uma organização sem fins lucrativos, se dedica a promover o esporte e o desenvolvimento de crianças com deficiência, incluindo aquelas com Síndrome de Down.

Através da Fundação, Cruyff estabeleceu programas esportivos inclusivos, projetados para permitir que crianças com Síndrome de Down e outras deficiências participem de atividades esportivas e desenvolvam habilidades físicas, sociais e emocionais. Esses programas visam promover a inclusão, a autoconfiança e a qualidade de vida dessas crianças, permitindo-lhes desfrutar dos benefícios do esporte.

Além disso, a Fundação Johan Cruyff apoia projetos que visam melhorar as condições de vida das pessoas com Síndrome de Down e oferece suporte financeiro para instituições que trabalham nessa área. O objetivo é fornecer oportunidades igualitárias e ajudar a quebrar barreiras sociais, permitindo que as pessoas com Síndrome de Down alcancem seu pleno potencial.

O compromisso de Cruyff com a inclusão e o desenvolvimento das pessoas com Síndrome de Down reflete seu legado como um verdadeiro defensor dos direitos e oportunidades para todos. Sua fundação continua promovendo seu trabalho em benefício das pessoas com deficiência, exercendo um impacto positivo e duradouro na vida dessas pessoas e de suas famílias.

A questão da Síndrome de Down me toca de forma especial, por conta da Laurinha, minha doce irmã menor, que é portadora desta condição.

Cruyff também pode ser considerado um grande defensor das causas democráticas. Ele foi crítico do centralismo espanhol durante a ditadura de Francisco Franco e defendeu os valores e a cultura catalã. Além disso, decidiu não integrar a seleção holandesa na Copa do Mundo de 1978 na Argentina como forma de protesto contra o regime argentino liderado por Jorge Rafael Videla, que enfrentava acusações de violações dos direitos humanos e repressão política.

Mas voltemos ao futebol para introduzir as finanças. Cruyff também é reconhecido como autor de algumas frases célebres sobre como jogar. Dentre elas, vou citar três. A primeira é: "Eu jogo futebol com a cabeça. As pernas são apenas as ferramentas", destacando a importância da inteligência no esporte. A segunda trata da simplicidade: "Jogar futebol é muito simples, mas jogar um futebol simples é a coisa mais difícil que existe." E a terceira frase é a que introduz nosso tema financeiro neste capítulo: "Em um time, é importante entender que você joga com onze jogadores, não com individualidades. Você precisa pensar como um time em campo e trabalhar em conjunto para alcançar o sucesso."

É difícil para um caçador de analogias como eu não ver uma alusão quase perfeita à diversificação.

Assim como Johan Cruyff enfatizou a importância de jogar como um time, uma carteira de investimentos diversificada também requer uma abordagem semelhante. A frase de Cruyff sobre a importância de entender que se joga com onze jogadores, não com individualidades, pode ser aplicada ao conceito de diversificação de investimentos.

Em uma carteira diversificada, o objetivo é construir um conjunto de ativos que trabalhem juntos para alcançar o sucesso financeiro e reduzir o risco. Assim como cada jogador em um time tem um papel específico a desempenhar para alcançar a vitória, cada classe de ativos na carteira desempenha um papel importante na busca dos objetivos financeiros.

Em vez de depender exclusivamente de um único investimento, uma carteira diversificada espalha o risco entre diferentes classes de ativos, como ações, títulos, imóveis e commodities. Cada classe tem características e comportamentos diferentes, assim como cada jogador em campo tem habilidades e papéis distintos.

Se uma classe de ativos estiver enfrentando um período de baixo desempenho, outra pode estar em ascensão, compensando as perdas e equilibrando o desempenho geral da carteira. Isso é semelhante a um time de futebol, onde um jogador pode estar enfrentando um momento difícil, mas os outros poderão compensar essa queda de desempenho e manter o time em equilíbrio.

Além disso, assim como um time em campo precisa trabalhar em conjunto, uma carteira diversificada requer uma alocação de ativos estratégica e um gerenciamento contínuo. Cada jogador em um time deve entender seu papel e como suas ações afetam o desempenho coletivo. Da mesma forma, cada classe de ativos na carteira deve ser cuidadosamente selecionada e monitorada para garantir que está contribuindo para os objetivos financeiros de longo prazo.

Uma carteira diversificada busca reduzir o risco associado a investimentos individuais e protegê-lo contra a volatilidade excessiva. Ela busca o equilíbrio entre o potencial de retorno e a proteção do capital. Assim como um time equilibrado tem uma probabilidade maior de alcançar o sucesso, uma carteira diversificada tem uma probabilidade maior de resistir a diferentes condições de mercado e de proporcionar resultados consistentes ao longo do tempo.

Em resumo, assim como Cruyff enfatizou a importância de jogar como um time em campo, uma carteira de investimentos diversificada requer uma mentalidade semelhante. A estratégia de diversificação busca criar um conjunto de ativos que trabalhem em conjunto, equilibrando riscos e retornos, e ofereçam uma base sólida para alcançar os objetivos financeiros.

Seja dentro ou fora do campo, a mentalidade de Cruyff é profundamente transformadora e visionária, e a influência de suas ações é monumental.

Requiem Aeternam para Johan Cruff, *un català nascut* a Amsterdã.

12

DE NOVA AMSTERDÃ A NOVA YORK:

A HISTÓRIA DA NYSE E DO DOW JONES

Você já se perguntou como surgiu a maior bolsa de valores do mundo, a NYSE, e como ela influencia o mercado global? Você já quis conhecer a história e a cultura da cidade que nunca dorme, Nova York, e como ela se tornou o centro financeiro do planeta?

Neste capítulo você vai aprender tudo sobre a origem e a evolução da NYSE, desde a sua fundação numa então colônia holandesa (hoje Nova York), até os dias de hoje. Também vai descobrir como Charles Dow, um dos criadores do famoso índice Dow Jones, revolucionou a análise técnica e o jornalismo financeiro.

Eu sempre tive uma paixão por Nova York. A cidade, que me encanta com sua beleza e sua diversidade, que me desafia com sua velocidade e complexidade, que me inspira com sua criatividade e inovação, mas também gosto de conhecer a história da cidade, de saber como ela se formou e se transformou ao longo dos séculos.

Nova York tem uma história rica e complexa, que envolve diferentes povos, culturas e conflitos. Ela começou como uma colônia holandesa, chamada de Nova Amsterdã, que foi fundada por comerciantes que buscavam lucrar com o comércio de peles com os índios. Eles compraram a ilha de Manhattan por uma ninharia, mas não imaginavam que ela se tornaria uma das cidades mais importantes do mundo.

Mas o que mais interessa para nós, como admiradores de história e finanças, é o papel de Nova York como um dos maiores centros financeiros do mundo. A cidade é sede de algumas das maiores instituições financeiras e bolsas de valores do planeta, como a Bolsa de Valores de Nova York (NYSE), que é a maior bolsa de valores do mundo em termos de capitalização de mercado. Capitalização de mercado é o valor total das empresas que negociam suas ações na bolsa. Quanto maior a capitalização, maior o valor das empresas.

A NYSE fica localizada em Wall Street, uma rua no sul de Manhattan que se tornou sinônimo de mercado financeiro. Wall Street abriga alguns dos principais bancos e instituições do setor financeiro e de capitais dos Estados Unidos e do mundo.

Mas como surgiu a NYSE? Ela tem uma história longa e interessante, que remonta ao final do século XVIII. Em 1792, 24 corretores e comerciantes se reuniram sob uma árvore de botão (buttonwood) na Wall Street e assinaram um acordo para estabelecer as regras para a negociação de títulos. Esse acordo ficou conhecido como Buttonwood Agreement e é considerado o marco inicial da bolsa de valores de Nova York. O primeiro título listado nessa bolsa foi o do Banco de Nova York.

Eu gosto de imaginar como era essa época, quando os negócios eram feitos ao ar livre, debaixo de uma árvore, com papel e caneta. Como era a vida desses corretores e comerciantes, que arriscavam seu dinheiro e seu futuro em um mercado incerto e volátil? Como era a relação entre eles, que competiam entre si, mas também cooperavam para criar uma instituição financeira?

A NYSE acompanhou o desenvolvimento econômico e comercial dos Estados Unidos ao longo do século XIX, financiando projetos como a construção de ferrovias e a exploração de recursos naturais. A bolsa também exigia que as empresas divulgassem informações financeiras ao público como condição para oferecer suas ações, garantindo maior transparência e confiança aos investidores.

Em 1817, a bolsa foi formalmente constituída como New York Stock and Exchange Board, e em 1863 adotou o nome atual. Em 1903, se mudou para um novo edifício na Wall Street, projetado pelo arquiteto George B. Post, com um amplo salão de negociações e equipamentos modernos, como telégrafos, telefones e máquinas de cotação. O edifício também ficou famoso pelo sino que tocava no início e no fim das sessões de negociação, uma tradição que começou na década de 1870.

Eu gosto de admirar esse edifício, que é um ícone da arquitetura neoclássica e da história financeira. Ele me impressiona com sua imponência e elegância, seus detalhes e símbolos. Faz com que eu me sinta parte de um lugar especial e histórico, onde acontecem coisas importantes e decisivas.

A NYSE enfrentou momentos difíceis durante a crise de 1929, que marcou o início da Grande Depressão e provocou uma queda drástica no valor das ações. A bolsa foi investigada pelo governo federal e passou a ser regulada pela Securities and Exchange Commission (SEC), órgão criado em 1934 para fiscalizar o mercado de capitais nos Estados Unidos.

Eu gosto de refletir sobre esse período, que foi um dos mais dramáticos e desafiadores da história econômica e social. Como foi a reação dos investidores, que viram seu patrimônio se evaporar em poucos dias? Como foi a atuação do governo, que tentou conter o pânico e restaurar a ordem? Como foi a recuperação da bolsa, que teve que se adaptar a novas regras e exigências?

A partir da segunda metade do século XX, a NYSE se consolidou como a maior bolsa de valores do mundo em termos de capitalização de mercado, ou seja, a bolsa também se modernizou tecnologicamente, introduzindo sistemas eletrônicos de negociação e comunicação.

Eu gosto de acompanhar essa evolução, que mostra como a bolsa se manteve atualizada e competitiva em um mundo cada vez mais globalizado e digitalizado. Imagino a transição da negociação presencial para a eletrônica, que mudou a dinâmica e a velocidade do mercado, e a integração com outras bolsas e mercados, que ampliou o alcance e a diversidade da bolsa.

Hoje, a NYSE é um dos símbolos mais representativos do capitalismo e da globalização financeira. Ela reúne empresas icônicas e inovadoras de diversos setores da economia, como Apple, Coca-Cola, Disney, ExxonMobil e Walmart. A bolsa também é o palco de eventos históricos e culturais, como o toque do sino por personalidades famosas ou o lançamento de filmes e livros.

A NYSE é um exemplo de como uma instituição financeira pode evoluir ao longo do tempo, adaptando-se às mudanças econômicas, políticas e tecnológicas. Também mostra como uma iniciativa local pode se tornar um fenômeno global, influenciando os rumos da história.

Hoje, eu gostaria de falar sobre duas pessoas de enorme importância no desenvolvimento do mercado de ações dos EUA, mais especificamente no desenvolvimento da Bolsa de Nova York. Trata-se de Charles Dow e Edward Jones. Eles foram os fundadores da Dow Jones & Company, uma empresa de notícias financeiras que criou o *The Wall Street Journal* e o índice Dow Jones Industrial Average. Eles também foram os pioneiros da análise técnica, com a formulação da teoria de Dow, que busca identificar as tendências e os ciclos do mercado.

Charles Dow nasceu em 1851 em Connecticut, nos Estados Unidos. Ele começou sua carreira como jornalista em Massachusetts e, depois, em Rhode Island, onde se especializou em reportagens sobre história regional e economia. Em 1880, mudou-se para Nova York e trabalhou no Kiernan Wall Street Financial News Bureau com Edward Jones, um colega jornalista.

Em 1882, Dow e Jones fundaram a Dow Jones & Company. A empresa publicava o *Customers' Afternoon Letter*, um boletim diário que trazia informações sobre o mercado financeiro para mais de mil assinantes.

Nesse boletim, Dow começou a calcular as médias de preços de ações de empresas de transporte e ferrovias, que eram os setores mais importantes na época. Essas médias eram os precursores do índice Dow Jones Industrial Average, que foi lançado em 1896 com 12 ações de empresas industriais.

O índice Dow Jones Industrial Average continua sendo um dos mais acompanhados do mundo, mas também tem suas limitações. Uma delas é que inclui apenas trinta ações de empresas, o que não representa a diversidade da economia americana. Outra limitação é que ele é calculado pela média aritmética dos preços das ações, o que dá mais peso às ações de maior valor nominal, independentemente da capitalização de mercado das empresas. Por isso, a maior parte dos analistas preferem usar outros índices, como o S&P 500, que inclui quinhentas ações de diferentes setores e é calculado pela média ponderada pela capitalização de mercado das empresas.

O sucesso do *Customers' Afternoon Letter* levou Dow e Jones a criar o *The Wall Street Journal* em 1889, um jornal que se tornou uma das publicações financeiras mais respeitadas do mundo. O periódico trazia informações detalhadas e transparentes sobre as empresas e o mercado, algo que era raro na época. Também divulgava as médias calculadas por Dow, que refletiam o comportamento do mercado.

Charles observou que as médias seguiam padrões que podiam ser usados para prever os movimentos futuros do mercado. Ele formulou a teoria de Dow, uma análise baseada em seis princípios:

- Os preços das ações e dos índices refletem todas as informações disponíveis.
- O mercado se move em três tendências: primária, secundária e terciária. A tendência primária dura um ano ou mais e define se o mercado é altista ou baixista. A secundária é uma correção que dura entre três semanas e três meses. A terciária é uma flutuação de curto prazo nos preços das ações.
- As tendências têm três fases: acumulação, participação pública e distribuição. A fase de acumulação é quando os investidores

mais informados começam a comprar ou vender as ações antes da mudança de tendência. A fase de participação pública é quando o mercado segue a tendência primária e atrai mais investidores. A de distribuição é quando os investidores mais informados começam a vender ou comprar as ações antes da reversão da tendência.

- Os índices devem confirmar uns aos outros. Para que uma tendência seja válida, ela deve ser confirmada pelos principais índices do mercado.
- O volume deve confirmar a tendência. O volume de negociação deve aumentar na direção da tendência primária e diminuir na direção contrária.
- As tendências persistem até que haja sinais claros de reversão. As mudanças de tendência devem ser identificadas por padrões gráficos ou por rompimentos de suportes ou resistências.

A teoria de Dow é considerada a base da análise técnica, que usa gráficos e indicadores para estudar o comportamento do mercado e prever seus movimentos futuros.

Com o passar do tempo foram criadas outras metodologias de análise gráfica, várias das quais foram incorporando elementos sugeridos por Dow.

A análise gráfica tem uma forte ligação com a psicologia dos investidores e com a teoria das finanças comportamentais, que estuda como as emoções e os vieses afetam as decisões de investimento. Ela busca captar e antecipar as reações emocionais dos investidores, como medo, ganância, euforia e pânico, que podem gerar oportunidades no mercado.

A análise gráfica é usada por diversos tipos de investidores, desde os mais especulativos, que operam no curto prazo, até os mais conservadores, que operam no longo prazo. Também pode ser combinada com a análise fundamentalista, que se baseia nos dados econômicos e financeiros das empresas e do mercado, para obter uma visão mais completa e consistente dos investimentos.

A análise gráfica é uma ferramenta poderosa e versátil para o estudo do mercado financeiro de hoje, mas também requer conhecimento, disciplina e experiência para ser aplicada com eficácia. Porém, não é uma ciência exata e não garante resultados certos, mas sim probabilidades. Por isso, é importante usar critérios de gestão de risco para proteger o patrimônio.

Chegamos ao fim deste capítulo, onde abordamos a história e a importância da NYSE, a maior bolsa de valores do mundo, e do Dow Jones, o índice que mede o desempenho das principais empresas americanas. Espero que você tenha gostado e se divertido com as curiosidades e os fatos que marcaram a trajetória dessas instituições financeiras. Agora você já sabe como Nova York se tornou a cidade que nunca dorme e que lidera o mercado financeiro global. E se quiser investir na NYSE, hoje o acesso a esses mercados é muito simples. Só não se esqueça de consultar o seu especialista. Mas cuidado para não investir em desacordo com seu perfil e perder o sono com as oscilações do mercado!

13

A CIDADE, A BEBIDA E O INVESTIDOR:

UM TEXTO SOBRE ATLANTA, COCA-COLA E WARREN BUFFETT

Você já imaginou conhecer a cidade onde nasceu a bebida mais famosa do mundo, apresentar o seu trabalho num congresso internacional e ainda aprender os segredos do maior investidor de todos os tempos? Pois foi isso que eu fiz na minha viagem a Atlanta, nos Estados Unidos.

Nessa crônica, vou te contar como foi essa experiência incrível, que misturou história, cultura, diversão e investimentos. Você vai saber como é o museu da Coca-Cola, que me fez mergulhar no mundo dessa marca que tanto adoro. Vai saber, também, como eu me inspirei na estratégia de Warren Buffett, o bilionário que é um dos maiores acionistas da Coca-Cola e que me ensinou a aplicar o meu dinheiro com inteligência e paciência.

Leia a minha crônica sobre Atlanta, a Coca-Cola e Warren Buffett e descubra como você pode transformar a sua vida com uma garrafa de refrigerante e uma boa dose de sabedoria.

Uma lembrança importante da minha vida acadêmica se passou na cidade de Atlanta, nos Estados Unidos. Foi lá que apresentei, pela primeira vez, um trabalho num congresso internacional. Foi uma experiência incrível, tanto pelo reconhecimento profissional quanto pela oportunidade de conhecer uma cidade tão fascinante.

Atlanta é a capital e a maior cidade do estado da Geórgia. Foi fundada em 1837 como um terminal ferroviário e se desenvolveu rapidamente, graças ao comércio e à indústria. Também foi palco de importantes eventos históricos, como a Guerra Civil Americana, o Movimento pelos Direitos Civis e as Olimpíadas de 1996.

Atlanta é uma cidade moderna, cosmopolita e vibrante. Ela abriga a sede de grandes empresas, como a Coca-Cola, a CNN e a Delta Airlines. Também é um polo cultural, educacional e artístico, com museus, universidades e teatros. Além disso, tem muitas opções de lazer, gastronomia e entretenimento para todos os gostos.

Eu fiquei hospedado num enorme hotel no centro da cidade, perto de um complexo de atrações que me chamou muito a atenção. Lá, eu encontrei o então maior aquário das Américas, o Georgia Aquarium; o Centro Cultural de Direitos Humanos e Civis dos EUA; e o World of Coca-Cola, o museu da Coca-Cola.

Eu confesso que sou um fã da bebida e fiquei curioso para conhecer o museu. Então, aproveitei uma tarde livre e fui até lá. O ingresso custou uns poucos dólares e me deu acesso a todas as áreas do museu.

Logo na entrada, eu fui recebido por um guia simpático que me contou algumas curiosidades e um pouco da história dos logotipos da Coca-Cola. Depois, assisti a um filme institucional em um pequeno cinema e fui encaminhado às salas que contam desde o início da concepção da Coca-Cola pelo farmacêutico John Pemberton em 1886 até os dias atuais.

Eu fiquei impressionado com a quantidade de objetos relacionados à Coca-Cola que vi no museu. Tinha de tudo: geladeiras antigas, quadros, brinquedos, bonecos, camisas, carro antigo, sofá... Era uma verdadeira coleção de memorabília da marca. Tirei muitas fotos e me senti em um mundo mágico.

Mas a melhor parte da visita foi a degustação. Pude experimentar vários tipos de Coca-Cola e refrigerantes de diferentes países do mundo. Tinha alguns sabores bem estranhos, mas outros muito gostosos. Eu me diverti muito provando as bebidas e comparando as diferenças.

Eu saí do museu muito satisfeito e feliz. Aprendi muito sobre a história e a cultura da bebida e ainda matei a minha sede com as delícias que provei. Recomendo muito essa visita para quem for a Atlanta. É uma experiência única.

A Coca-Cola Company possui mais de quinhentas marcas ao redor do mundo. A empresa está no Brasil desde 1941, quando fabricou pela primeira vez seu refrigerante no país. A história deste refrigerante tem início em 1886, quando o farmacêutico John Pemberton criou uma bebida com extratos de folha de coca e noz de cola.

Em 1891, outro farmacêutico, Asa Griggs Candler, comprou os direitos da bebida e fundou a Coca-Cola Company em 1892. No mesmo ano, a empresa abriu capital e levantou US$100 mil. A marca foi patenteada em 1893.

Ao longo do tempo, o valor de mercado da Coca-Cola teve uma evolução impressionante. Em 1919, a Coca-Cola Company foi vendida para Ernest Woodruff por US$25 milhões, o que significa que o valor de mercado da empresa aumentou 250 vezes em 27 anos. Em 1923, Robert Woodruff assumiu a presidência da empresa e iniciou uma expansão global da marca. Ele também investiu em publicidade e inovação. Em 1930, o valor de mercado da Coca-Cola era de US$213 milhões. Em 1986, a Coca-Cola comemorou seu centenário com um valor de mercado de US$23 bilhões. A empresa já era líder mundial no segmento de bebidas não alcoólicas e tinha mais de 250 marcas em seu portfólio.

Em 1998, a Coca-Cola atingiu seu maior valor de mercado até então: US$186 bilhões. A empresa estava presente em mais de duzentos países e tinha mais de quatrocentas marcas. No entanto, a empresa enfrentou alguns desafios nos anos seguintes, como a concorrência com a Pepsi, as mudanças nos hábitos dos consumidores e as crises econômicas globais.

Em 2020, a Coca-Cola teve um valor de mercado de US$230 bilhões. A empresa se adaptou às novas demandas do mercado e lançou novos produtos, como bebidas orgânicas, energéticas e à base de plantas. A empresa também se comprometeu com metas ambientais e sociais. Hoje, a Coca-Cola tem um valor de mercado de US$260 bilhões. A empresa continua sendo a maior do mundo no segmento de bebidas não alcoólicas e uma das marcas mais valiosas do mundo.

Warren Buffett é o presidente e principal acionista da Berkshire Hathaway, uma holding que investe em diversas empresas de diferentes setores. Ele é considerado um dos maiores investidores de todos os tempos e um dos homens mais ricos do mundo.

A relação entre Warren Buffett e a Coca-Cola começou em 1988, quando ele iniciou sua posição na empresa. Desde então, ele nunca mais vendeu suas ações da empresa e se tornou um dos maiores acionistas da companhia. Atualmente, a Berkshire Hathaway possui cerca de 400 milhões de ações da Coca-Cola, o que representa uma participação de 9,2% na empresa.

Warren Buffett admira a Coca-Cola porque ela tem uma marca forte e reconhecida mundialmente, que gera lealdade e confiança nos consumidores; porque ela tem uma vantagem competitiva sustentável, que dificulta a entrada de novos concorrentes no mercado; porque tem um modelo de negócio simples e lucrativo, que gera caixa e rentabilidade para os acionistas; porque tem uma capacidade de inovação e adaptação às mudanças do mercado e dos consumidores, lançando novos produtos e campanhas; e porque tem uma política de distribuição de dividendos consistente e crescente, que remunera os acionistas periodicamente. Ufa!

Warren Buffett também é um consumidor assíduo da Coca-Cola. Ele costuma beber cerca de cinco latas por dia e diz que a bebida lhe dá energia e prazer. Ele também já afirmou que a fórmula da Coca-Cola é um dos segredos mais bem guardados do mundo e que ele nunca irá revelá-la.

Mas quanto Warren Buffett já lucrou com a Coca-Cola? Segundo alguns cálculos, a Berkshire Hathaway já obteve um retorno de 5.341% com as ações da Coca-Cola em 35 anos de investimento. Além disso, a Berkshire Hathaway recebeu US$704 milhões em dividendos da Coca-Cola em 2020, o que representa quase dez vezes o valor recebido em 1994. Esses números impressionantes mostram como Warren Buffett soube escolher bem as suas empresas e reinvestir os seus lucros.

A estratégia de investimentos de Buffett se baseia na filosofia do *Value Investing*, que consiste em comprar ações de boas empresas, com expectativas de lucro, mas que, por alguma razão, estão abaixo do preço de mercado. Essa razão pode ser uma crise temporária, uma má avaliação dos analistas ou uma baixa popularidade entre os investidores.

Buffett procura identificar o valor intrínseco das empresas, ou seja, o valor real que elas têm, independente das flutuações do mercado. Ele usa indicadores como o fluxo de caixa, a rentabilidade, a vantagem competitiva e a qualidade da gestão para estimar esse valor. Ele acredita que é crucial encontrar empresas que são subvalorizadas em relação ao seu valor intrínseco. Isso significa procurar por aquelas que estão sendo vendidas a um preço abaixo do que elas realmente valem.

Buffett também tem um pensamento de longo prazo. Ele é um dos maiores entusiastas da estratégia do *Buy and Hold*, que consiste em adquirir ações de boas empresas e manter os papéis por tempo indeterminado, enquanto estiverem boas. Ele não se preocupa com as oscilações diárias do mercado, mas sim com o desempenho das empresas no longo prazo. Ele também reinveste os dividendos recebidos pelas ações para aumentar sua participação nas empresas e potencializar seus rendimentos.

Buffett ainda tem a coragem de negociar contra a corrente. Ele gosta de comprar quando outros investidores estão vendendo e de vender quando outros investidores estão comprando. Ele não se deixa levar pelo medo ou pela ganância, mas sim pela razão e pela análise.

Esses são alguns dos principais pontos da estratégia de investimentos de Buffett, que ele mesmo resume em algumas frases célebres:

"Seja temeroso quando os outros são gananciosos e seja ganancioso quando os outros são temerosos."

"Não importa o quão grande seja o talento ou o esforço, algumas coisas levam tempo. Você não pode produzir um bebê em um mês engravidando nove mulheres."

"Preço é o que você paga. Valor é o que você leva."

"Não invista em algo que você não entende."

"É muito melhor comprar uma empresa maravilhosa por um preço 'OK' do que uma empresa 'OK' por um preço maravilhoso."

Enfim, posso dizer que a viagem a Atlanta foi uma das melhores experiências da minha vida. Não só apresentei o meu trabalho num congresso internacional, como também conheci uma cidade maravilhosa, cheia de história, cultura e diversão. E, é claro, não poderia ter deixado de visitar o museu da Coca-Cola, a bebida que tanto adoro e que me ensinou muito sobre investimentos.

Sim, você leu certo. A Coca-Cola me ensinou muito sobre investimentos. Graças ao exemplo de Warren Buffett, o maior investidor de todos os tempos e um dos maiores acionistas da companhia, eu aprendi a seguir alguns princípios valiosos na hora de aplicar o meu dinheiro. Eu aprendi a focar o longo prazo, a investir no que eu conheço, a agir no mercado em baixa e a negociar contra a corrente.

Eu também aprendi a reinvestir os dividendos recebidos pelas ações para aumentar a minha participação nas empresas e potencializar os meus rendimentos. E, é claro, aprendi a beber muita Coca-Cola para me dar energia e prazer.

Espero que você também tenha se divertido e se inspirado com essa crônica sobre Atlanta, a Coca-Cola e Warren Buffett. Recomendo que faça essa viagem um dia e veja com os seus próprios olhos o que essa cidade tem a oferecer. E não se esqueça de levar uma garrafa de Coca-Cola para brindar ao sucesso dos seus investimentos. Saúde!

14

DE MANAUS PARA O MUNDO:

A MINHA JORNADA PELOS INVESTIMENTOS ESG

Minha viagem a Manaus foi transformadora. Foi lá que descobri as maravilhas da Amazônia, a riqueza da sua cultura, a diversidade da sua fauna e flora, os desafios que ela enfrenta. Foi lá que me apaixonei pelo tambaqui, o peixe para o qual os locais criaram a frase "Quem come não sai mais daqui". E foi lá que me dei conta de que eu podia fazer algo pelo mundo, além de me divertir e me encantar.

Pensei nos investimentos ESG, aqueles que levam em conta critérios ambientais, sociais e de governança, na hora de escolher as empresas ou projetos nos quais aplicar o meu dinheiro. Pensei em como hoje é fácil investir de forma sustentável, responsável e rentável, contribuindo para um futuro melhor para todos.

E você, quer saber como foi essa viagem incrível e como você pode fazer parte dessa mudança? Então, não perca o meu relato completo. Você vai se surpreender com o que eu vivi e aprendi em Manaus!

Fui convidado a palestrar em Manaus, a capital do Amazonas. Fiquei muito feliz com o convite, pois sempre tive curiosidade de conhecer melhor essa cidade tão rica em cultura e natureza. Já tinha ido várias vezes lá, mas sempre tinha que voltar no dia seguinte, sem tempo de aproveitar as maravilhas que ela oferece.

Dessa vez, decidi ficar uma semana inteira. Queria sentir o calor, a umidade, o cheiro da floresta, o sabor dos frutos regionais. Queria ver o Teatro Amazonas, um símbolo da época áurea da borracha, com sua arquitetura imponente e sua decoração luxuosa. Queria navegar pelos rios, ver o encontro das águas, onde os rios Negro e Solimões se encontram sem se misturar. Queria ver a imponência da floresta, com sua biodiversidade incrível e sua importância para o equilíbrio do planeta. Queria conhecer uma tribo indígena, aprender sobre sua cultura, sua língua, seus costumes.

Foi uma experiência inesquecível. Aprendi muito, me diverti muito, me emocionei muito. Manaus é uma cidade que me surpreendeu positivamente em todos os aspectos. Foi uma viagem que me marcou e me fez valorizar ainda mais a diversidade do Brasil. Sou grato pela oportunidade de ter vivido essa aventura e espero poder voltar em breve.

A região amazônica é uma das mais ricas em biodiversidade do mundo. Biodiversidade é o termo que descreve a variedade de formas de vida que existem na natureza, incluindo os genes, as espécies e os ecossistemas. A Amazônia abriga mais de 3 mil espécies de árvores e muitas espécies animais e vegetais com propriedades biomedicinais. A floresta amazônica é a maior floresta tropical do planeta, com mais de 5 milhões de quilômetros quadrados, e está relacionada aos regimes de chuva em todo o continente.

A biodiversidade da Amazônia é importante para a conservação da vida no planeta, pois fornece serviços ecossistêmicos essenciais, como a produção de oxigênio, a regulação do clima, a purificação da água, a polinização, o controle de pragas e doenças, a fertilização do solo, entre outros. Além disso, a biodiversidade é uma fonte de recursos naturais para a alimentação, a saúde, a indústria e a cultura das populações humanas.

No entanto, a biodiversidade da Amazônia está ameaçada por diversos fatores, como o desmatamento, a poluição, a exploração excessiva, a expansão urbana e agrícola e as mudanças climáticas. Essas ameaças podem causar a perda ou a redução de espécies e ecossistemas, afetando o equilíbrio e o funcionamento da natureza.

Para evitar ou minimizar esses impactos, é necessário adotar medidas de conservação e uso sustentável da biodiversidade. Sustentabilidade é o conceito que se refere à capacidade de atender às necessidades das gerações presentes sem comprometer as possibilidades das gerações futuras. Isso implica usar os recursos naturais de forma racional e responsável, respeitando os limites e as características dos ecossistemas. Também implica valorizar e proteger a diversidade biológica e cultural, promovendo o bem-estar social e econômico das comunidades locais.

A Amazônia é um patrimônio natural e cultural que deve ser preservado e valorizado por todos. Conhecer e entender a sua biodiversidade é um passo fundamental para promover a sua sustentabilidade.

No meio do meu passeio, comecei a pensar numa sigla de três letras: ESG.

Investimentos ESG são aqueles que levam em conta critérios ambientais, sociais e de governança na hora de escolher as empresas ou projetos nos quais aplicar o seu dinheiro. ESG é a sigla em inglês para "Environmental, Social and Governance", que significa Ambiental, Social e Governança, em português. Esses critérios visam avaliar o desempenho e o impacto das organizações em relação à sustentabilidade e à responsabilidade social.

O conceito de investimentos ESG surgiu em 2004, a partir de um relatório da ONU que incentivava os investidores a considerarem também os aspectos não financeiros das empresas, como a sua contribuição para o meio ambiente, a sociedade e a ética. Desde então, o conceito ganhou força e relevância no mercado financeiro, atraindo cada vez mais investidores que buscam alinhar os seus valores com os seus rendimentos.

Existem diferentes modalidades de investimentos ESG, como fundos de investimento, ETFs (Exchange Traded Funds), debêntures incentivadas, títulos verdes (green bonds), entre outros. O que eles têm em comum é que todos seguem uma metodologia de análise baseada nos critérios ESG, que podem variar conforme o gestor ou a instituição financeira.

Os critérios ESG abrangem aspectos como o uso de energia renovável, a redução de emissões de gases de efeito estufa, a gestão de resíduos, a preservação da biodiversidade, o respeito aos direitos humanos, a diversidade e a inclusão, a saúde e a segurança dos trabalhadores, o engajamento com a comunidade, a transparência e a prestação de contas, a ética e a integridade, o combate à corrupção, a participação dos stakeholders, entre outros.

O mercado de investimentos ESG é um segmento que vem se expandindo e se consolidando no cenário financeiro global, refletindo uma maior conscientização e demanda por parte dos investidores por práticas sustentáveis e responsáveis por parte das empresas. Segundo dados da Global Sustainable Investment Alliance, o valor global destinado à sustentabilidade atingiu US$35,3 trilhões nos cinco principais mercados cobertos pelo relatório (Austrália, Canadá, Europa, Estados Unidos e Japão), o que representa aproximadamente 36% dos ativos financeiros sob gestão no mundo. A Europa é hoje responsável por cerca de metade dos ativos sustentáveis globais e líder na criação de padrões e regulamentações para os investimentos sustentáveis.

No Brasil, os fundos ESG captaram ao menos R$2,5 bilhões no último ano, segundo um levantamento realizado pela Morningstar. Em 2020, foram criados 85 fundos rotulados como sustentáveis por gestores no Brasil, contra apenas 6 em 2019. O ISE (Índice de Sustentabilidade Empresarial) é a principal referência no desempenho médio das empresas bem posicionadas na agenda ESG no país. O índice passou por uma reformulação em julho de 2021 para atender melhor às demandas de transparência ESG.

O crescimento do mercado de investimentos ESG está relacionado a diversos fatores, como a mudança do capitalismo *shareholder* para o *stakeholder*, mais inclusivo; a mudança geracional, com a geração Z se importando mais com questões sociais e ambientais; a urgência da mudança climática, que exige mudanças regulatórias e de comportamento; e a busca por maior rentabilidade e resiliência no longo prazo.

Os investimentos ESG apresentam diversas vantagens para os investidores e para as empresas, como:

- Melhor relação de risco-retorno no longo prazo: ajustados ao risco, os investimentos ESG tendem a ter um desempenho superior ao mercado no longo prazo, pois refletem uma visão estratégica e uma gestão de riscos mais eficiente por parte das empresas.
- Maior resiliência em cenários adversos: os investimentos ESG também tendem a ser mais resilientes em momentos de crise ou de volatilidade, pois demonstram uma capacidade maior de adaptação e de inovação por parte das empresas.
- Maior alinhamento com os objetivos globais: os investimentos ESG contribuem para o cumprimento dos Objetivos de Desenvolvimento Sustentável (ODS) da ONU, que são metas globais para promover o desenvolvimento econômico, social e ambiental até 2030.
- Maior satisfação pessoal: os investimentos ESG permitem que os investidores expressem os seus valores e as suas crenças por meio das suas escolhas financeiras, gerando um sentimento de propósito e de realização pessoal.

Portanto, os investimentos ESG são uma forma de investir de forma sustentável, considerando não apenas o retorno financeiro, mas também o impacto ambiental, social e ético das empresas ou projetos nos quais se aplica o dinheiro. Essa é uma tendência que vem crescendo no mundo todo e que representa uma oportunidade para os investidores que querem fazer parte da transformação positiva da sociedade.

Nos últimos anos, tenho me envolvido pessoalmente em alguns projetos para estimular investidores a direcionar recursos para ativos ESG, e aqui, posso citar, como exemplo, a criação de uma carteira recomendada com ativos dessa classificação na esperança de que tanto os investidores passem a procurar esses ativos, como emissores e gestores passem a disponibilizá-los.

Ter viajado a Manaus foi uma experiência enriquecedora, que me fez ver a beleza e a diversidade da Amazônia. Também me fez pensar sobre a importância de preservar esse patrimônio natural e cultural, que é tão ameaçado por diversos fatores.

Por isso, quando voltei para casa, pensei em como incentivar ainda mais os investimentos ESG como uma forma de contribuir para um mundo mais sustentável e responsável, além de oferecer às pessoas um bom retorno financeiro no longo prazo. Afinal, quem disse que não dá para unir o útil ao agradável? E você, já pensou em fazer o mesmo? Que tal se inspirar na minha viagem e começar a investir de forma sustentável? Mas lembre-se: os investimentos ESG não podem ser uma moda passageira, algo que você faz uma vez e depois esquece. Devem ser um compromisso permanente com o futuro do planeta e das pessoas. Como dizem os manauaras: "Quem come tambaqui não sai mais daqui." Quem investe em ESG também não!

15

APRENDIZADOS SOBRE MERCADOS, RACIONALIDADE E EFICIÊNCIA:

UMA CONVERSA EM RECIFE

Recife e Olinda são cidades que me fascinam e inspiram, proporcionando experiências enriquecedoras. Ao explorar esses destinos, tive a oportunidade de aprender sobre a racionalidade, a irracionalidade, a eficiência e a ineficiência dos mercados. Durante conversas com Samuel, um investidor bem-sucedido, discutimos os exageros do mercado. Suas perspectivas despertaram meu interesse em explorar conceitos como a racionalidade limitada e os vieses emocionais descritos nas finanças comportamentais. Essas experiências reforçaram a importância de compreender os fundamentos e as falhas de avaliação do mercado para aproveitar as ineficiências e obter uma compreensão mais profunda dos mercados financeiros.

Sempre que tenho oportunidade, aproveito para escapar para Recife e Olinda. Essas duas cidades me fascinam e inspiram, fazendo com que me sinta em casa e, ao mesmo tempo, surpreendido a cada visita. Elas são como irmãs, com amor mútuo e características distintas, compartilhando a mesma essência.

Recife é a irmã mais jovem, cosmopolita e vibrante, que se desenvolveu às margens dos rios e se expandiu por meio de pontes. É uma cidade que harmoniza modernidade e tradição, com praias para todos os gostos e um centro histórico que narra a resistência do povo local às invasões estrangeiras. Recife respira cultura, com museus, igrejas e monumentos que revelam a arte e a fé dos pernambucanos. A cidade pulsa com música, oferecendo uma variedade de ritmos contagiantes, como o frevo, o maracatu e o manguebeat.

Olinda é a irmã mais velha, charmosa e alegre, erguida sobre colinas e pintada com cores vibrantes. Ela preserva o passado, com casas coloniais e igrejas barrocas, sendo reconhecida como Patrimônio Cultural Mundial. Olinda transborda arte, com ateliês de artistas renomados e iniciantes, encantando-me com as gravuras de J. Borges e as esculturas de Brennand. É uma cidade que celebra a vida, com festas populares durante todo o ano, emocionando a todos especialmente com o carnaval dos bonecos gigantes.

Recife e Olinda são destinos que me conquistaram e cativaram. Essas cidades me acolhem com carinho e simpatia, alimentando-me com delícias da culinária regional e mostrando-me a diversidade e a riqueza do Nordeste brasileiro. São lugares que adoro visitar e recomendar, sempre com o desejo de retornar e explorar mais. É difícil dizer qual delas ocupa um lugar mais especial em meu coração...

Tenho alguns amigos pernambucanos, entre eles Samuel, um investidor extremamente bem-sucedido que me ajudou a compreender muitas coisas. Lembro-me de algumas conversas durante um jantar na casa dele sobre a eficiência de mercado e sua visão peculiar, porém interessante, sobre a possível maior eficiência do mercado imobiliário em relação ao mercado de ações. Iniciamos um debate sobre a evolução do preço por metro quadrado dos apartamentos na praia de Boa Viagem.

Eficiência de mercado é um conceito que se refere à capacidade do mercado de precificar ativos de forma a refletir todas as informações disponíveis sobre eles. Em outras palavras, um mercado eficiente é aquele em que os preços dos ativos são estimativas não tendenciosas de seu valor real, e não há oportunidades de obter lucros extraordinários explorando as informações existentes.

A hipótese de eficiência de mercado tem implicações importantes para investidores e na avaliação de investimentos. Se o mercado for mesmo eficiente, o preço de mercado será a melhor estimativa do valor real do ativo e não será possível obter retornos superiores à média do mercado usando apenas as informações disponíveis, sendo a melhor estratégia seguir um índice de referência (benchmark) ou um fundo passivo.

Em minha opinião, os mercados mais líquidos, como o de ações, tendem a ser mais eficientes do que os menos líquidos, como o de imóveis (entendendo a liquidez como a facilidade de comprar ou vender um ativo rapidamente, sem sacrificar o preço). Acredito que a liquidez é o resultado de um grande número de pessoas interessadas no ativo, que compram e vendem constantemente e estão atentas a todas as notícias que possam afetar os preços. Assim, qualquer evento é incorporado ao valor de forma rápida e precisa.

Samuel chamou minha atenção para o fato de que, em muitas circunstâncias, é justamente a liquidez que permite a ocorrência de exageros, uma vez que o comportamento dos analistas e investidores não é puramente racional. Devido a fatores emocionais como medo e ganância, os preços podem ser distorcidos de forma significativa.

Quando observamos ativos como imóveis, cujas transações não são tão frequentes quanto as ações, esses efeitos provenientes de exageros emocionais tendem a ser menos frequentes. Segundo a visão de Samuel, isso contribui para manter os preços dos imóveis mais próximos do seu valor real ou intrínseco.

A argumentação de Samuel aumentou o meu interesse e me levou a explorar conceitos centrais, como racionalidade, irracionalidade, racionalidade parcial (*bounded rationality*), eficiência e ineficiência dos mercados, além de compreender a interligação entre finanças modernas e finanças comportamentais.

Ao analisar esses conceitos financeiros, descobrimos nuances cruciais que moldam nosso entendimento sobre os mercados e as decisões financeiras. Vamos explorar algumas dessas distinções.

Comecemos pelo contraste entre racionalidade e irracionalidade financeira. Enquanto a racionalidade pressupõe que os agentes econômicos tomam decisões lógicas e consistentes visando maximizar seus interesses financeiros, a irracionalidade reconhece que fatores emocionais e comportamentais podem desviar os indivíduos de uma tomada de decisão puramente racional, resultando em escolhas financeiras subótimas.

Um conceito relacionado é a racionalidade parcial, também conhecida como *bounded rationality*, proposta por Herbert Simon. Essa perspectiva reconhece as limitações cognitivas dos seres humanos, que impossibilitam uma análise completa de todas as informações disponíveis ao tomar decisões financeiras. Portanto, os indivíduos tendem a tomar decisões parcialmente satisfatórias, baseadas em informações limitadas, e não conseguem chegar a escolhas perfeitas.

Além disso, devemos destacar a dicotomia entre as finanças modernas e as finanças comportamentais. As finanças modernas se baseiam na teoria da escolha racional e nos princípios da eficiência de mercado, utilizando modelos matemáticos e estatísticos para analisar os mercados financeiros e tomar decisões de investimento. Por outro lado, as comportamentais reconhecem a influência de vieses cognitivos e emocionais nos investidores, resultando em decisões financeiras que nem sempre são completamente racionais. Essa abordagem estuda como esses vieses afetam os mercados financeiros, buscando entender e explicar os padrões comportamentais dos investidores.

A integração dessas abordagens, das finanças modernas e comportamentais, oferece uma visão mais abrangente e realista dos mercados financeiros. Combinar os fundamentos teóricos e as ferramentas analíticas das finanças modernas com a compreensão dos fatores psicológicos presentes nas finanças comportamentais nos permite obter uma compreensão mais profunda dos mercados e das decisões financeiras.

Pessoalmente, acredito em uma combinação desses conceitos. Não podemos afirmar que o mercado seja sempre irracional. Eu me inclino mais para a ideia de racionalidade limitada de Simon. O mercado busca agir de forma racional, mas suas limitações frequentemente resultam em exageros e distorções. Essas distorções podem ser momentâneas ou levar muito tempo para serem corrigidas. Lembre-se da célebre frase de Keynes: "O mercado pode permanecer irracional por mais tempo do que você pode permanecer solvente."

Para mim, é essa racionalidade parcial que cria espaço para distorções de preços que podem ser aproveitadas pelos investidores. Em outras palavras, é a *bounded rationality* que gera ineficiências no mercado. No entanto, para aproveitar essas ineficiências, é necessário compreender tanto os fundamentos, buscando estimar os valores reais dos ativos, quanto as falhas de avaliação do mercado. Essas últimas são bem descritas no âmbito das finanças comportamentais.

E assim, entre garfadas e risadas, a conversa fluiu durante o jantar na casa de Samuel. O aroma da feijoada perfumava o ambiente, e um flautista contratado por ele dava o tom musical, encantando a todos com suas notas melodiosas. Afinal, que conversa sobre eficiência de mercado não é completa sem a trilha sonora de um flautista inspirado? SQN.

Enquanto saboreávamos cada iguaria pernambucana, entre uma risada e outra, pude contemplar a riqueza cultural e gastronômica que essa região tão especial oferece. E assim, entre mordidas de bolo de rolo e goles de cachaça, a conversa sobre mercados e racionalidade se misturava harmoniosamente com os acordes da flauta.

Que belo encontro aquele, onde as delícias de Pernambuco e as teorias financeiras se encontraram em um verdadeiro festival de sabores e ideias. Certamente, aquela noite se tornou uma memória saborosa, onde a música, a gastronomia e as reflexões sobre eficiência de mercado dançavam juntas, como uma verdadeira sinfonia de investimentos e diversão.

16

EXPLORANDO CUSCO:

UMA JORNADA PELA HISTÓRIA E PELO BRILHO DO OURO

Ah, Cusco e Machu Picchu! Quanta magia naqueles lugares! Ao caminhar pelas ruas de Cusco, mergulhei na grandiosidade histórica que permeia cada canto. Os incas, com sua visão poética do ouro como o "suor do sol", atribuíam a ele um caráter sagrado. E, ao contemplar a cidade perdida de Machu Picchu, empoleirada nas montanhas dos Andes, fui envolvido por uma sensação de maravilha e admiração.

Mas havia algo mais nessa história fascinante. O ouro também desempenha um papel importante na diversificação financeira. Assim como os incas atribuíam-lhe um valor divino, ele continua a ser um ativo importante para proteger e equilibrar nosso patrimônio. Após explorar as maravilhas de Cusco e Machu Picchu, refleti sobre a importância do ouro em nossa jornada financeira. Ele oferece estabilidade e segurança em tempos de incerteza. Assim como os incas encontraram riqueza e transcendência no "suor do sol", pudemos encontrar a diversificação necessária para nossos investimentos.

Por muitos anos, tenho viajado em busca de conhecimento, explorando as interseções entre finanças e história. Uma experiência marcante foi minha passagem por Cusco, no Peru, antiga capital do Império Inca, repleta de riquezas culturais e paisagens deslumbrantes.

Caminhar pelas ruas de Cusco foi uma imersão na grandiosidade histórica que permeia cada canto. Os incas, com sua visão poética do ouro e da prata como "o suor do sol e as lágrimas da lua", atribuíam a esses metais preciosos um caráter divino. Seus templos, como o magnífico Coricancha, ostentavam imagens de ouro como oferendas ao Deus do Sol, Inti, refletindo seu valor sagrado.

Explorar as vizinhanças de Cusco revelou a grandiosidade dos incas em toda sua plenitude. A jornada até Machu Picchu, a cidade perdida dos incas, foi transcendental e valeu a longa viagem de trem. As majestosas ruínas nas altas montanhas dos Andes ecoaram a grandiosidade de uma civilização outrora poderosa. Contemplar a perfeição arquitetônica e a harmonia com a natureza em Machu Picchu deixou-me maravilhado com a genialidade dos incas.

Além das ruínas, a rica gastronomia local também conquistou meu coração e paladar. Os sabores autênticos e as combinações únicas de ingredientes traduziram a riqueza da cultura peruana em cada prato. De frescos ceviches a deliciosos *anticuchos*, embarquei em uma jornada culinária que celebrava tradição e criatividade.

Entre as especialidades locais, destaco a chicha, uma bebida ancestral feita de milho fermentado. Sua história remonta aos tempos dos incas, e a tradição de prepará-la e apreciá-la perdura até hoje. Experimentar essa bebida, com seu sabor único e conexão com a herança cultural peruana, foi uma experiência enriquecedora. Enquanto refletia sobre ouro como ativo financeiro, lembrava-me de como os incas guardavam esse metal precioso em seus templos; não como moeda, mas como um símbolo sagrado. Eles entendiam que o ouro tinha valor além de seu uso como meio de troca, reconhecendo sua importância como um tesouro divino.

Interessante é que Marx destaca essa característica do ouro ser simultaneamente uma moeda e uma mercadoria, evidenciando sua dualidade intrínseca. No entanto, ao longo da história, o ouro não foi o único bem a possuir essa dupla característica. Outros exemplos notáveis são o sal e os grãos de cacau na América Central, que compartilharam características semelhantes ao ouro.

O sal, desde tempos antigos, foi valorizado não apenas como um tempero para realçar o sabor dos alimentos, mas também como um importante conservante, permitindo a preservação de alimentos perecíveis. Sua escassez em algumas regiões e a necessidade essencial de seus usos conferiram ao sal um valor intrínseco e o transformaram em uma mercadoria de troca. Em muitas culturas, o sal era amplamente utilizado como meio de pagamento, tornando-se uma forma de moeda reconhecida e aceita. A palavra "salário" refere-se a um valor pago em sal.

Da mesma forma, os grãos de cacau, na América Central pré-colombiana, desempenharam um papel importante tanto como uma mercadoria desejada quanto como uma unidade de troca. Os povos indígenas valorizavam o cacau não apenas por seu sabor delicioso, mas também por suas propriedades estimulantes e uso ritualístico. O cacau era utilizado como uma forma de dinheiro, sendo trocado por outros bens e serviços em transações comerciais. Os grãos de cacau eram tão valiosos que chegaram a ser considerados como uma moeda oficial em algumas sociedades.

Desde o Acordo de Bretton Woods, assinado em 1944, o preço do ouro passou por uma evolução significativa, refletindo as mudanças na economia global, nas políticas monetárias e nas condições geopolíticas ao longo das décadas. O acordo estabeleceu um sistema monetário internacional baseado no padrão ouro, onde as moedas estavam vinculadas ao dólar americano, que, por sua vez, estava vinculado ao ouro a uma taxa fixa de US$35 por onça troy.

Durante as décadas de 1950 e 1960, o preço do ouro manteve-se estável, uma vez que o sistema de Bretton Woods estava em vigor e as principais moedas estavam atreladas ao dólar, que tinha lastro em ouro. No entanto, os desequilíbrios econômicos, os crescentes déficits comerciais dos Estados Unidos e os gastos relacionados à Guerra do Vietnã começaram a minar a estabilidade do sistema.

Em 1971, o presidente dos Estados Unidos, Richard Nixon, suspendeu a conversibilidade do dólar em ouro, encerrando efetivamente o sistema de Bretton Woods. Isso marcou um ponto de inflexão na história do ouro, pois o metal precioso deixou de ter um valor fixo em relação às moedas.

Após o fim de Bretton Woods, o preço do ouro começou a flutuar livremente no mercado. Durante a década de 1970, uma série de eventos, como a crise do petróleo e a instabilidade econômica, levaram a um aumento significativo no preço do ouro. Em 1980, o preço atingiu seu pico histórico em termos reais, chegando a cerca de US$850 por onça troy, impulsionado pela demanda como refúgio seguro em meio à turbulência econômica.

Nos anos seguintes, o preço do ouro entrou em um período de declínio gradual, influenciado por uma política monetária restritiva e pela estabilização das economias globais. Durante a década de 1990, o preço ficou relativamente estável, mantendo-se na faixa de US$250 a US$400 por onça troy.

No início dos anos 2000, o preço do ouro começou a se recuperar, impulsionado por uma série de fatores. O aumento da demanda de países como China e Índia, a instabilidade geopolítica, as preocupações com a inflação e as baixas taxas de juros estimularam os investimentos em ouro como uma forma de proteção e diversificação. O preço do ouro atingiu novos recordes em 2011, ultrapassando a marca de US$1.900 por onça troy.

Após o pico de 2011, o preço do ouro passou por um período de correção, influenciado pela melhora da economia global e pelas expectativas de altas nas taxas de juros. No entanto, mesmo com as flutuações, o ouro continuou a ser considerado um ativo seguro e uma reserva de valor em momentos de incerteza e volatilidade.

A pandemia de covid-19 teve um impacto significativo no preço do ouro em 2020. No início do ano, quando a propagação global da pandemia estava ganhando força, houve um aumento na demanda por ativos considerados seguros, como o ouro. Os investidores buscaram proteção em meio à incerteza e volatilidade dos mercados financeiros.

Vários fatores impulsionaram o preço do ouro durante a pandemia. Primeiro, as políticas de estímulo monetário e fiscal adotadas por muitos governos ao redor do mundo aumentaram as preocupações com a inflação e desvalorização das moedas, levando os investidores a buscar ativos tangíveis, como o ouro.

Além disso, as medidas de distanciamento social e bloqueios econômicos impactaram negativamente a produção e o consumo global, levando a um declínio na atividade econômica. Essa desaceleração econômica aumentou ainda mais a busca por refúgio no precioso metal.

A pandemia também causou tensões geopolíticas e incertezas em relação ao comércio global, o que contribuiu para o aumento da demanda por ouro como uma proteção contra riscos geopolíticos e possíveis consequências econômicas de longo prazo.

À medida que a pandemia se prolongava e as incertezas persistiam, o preço do ouro continuou a subir, atingindo um novo recorde em agosto de 2020, ultrapassando a marca de US$2 mil por onça troy.

No entanto, à medida que a distribuição de vacinas começou a ganhar ritmo e os mercados financeiros se recuperaram, houve uma redução na demanda por ativos de refúgio, incluindo o ouro. Seu preço começou a recuar no final de 2020 e continuou a mostrar volatilidade ao longo de 2021, refletindo as mudanças nas perspectivas econômicas e as condições dos mercados financeiros.

Mas, será que um novo ouro pode estar surgindo?

Embora o Bitcoin e o ouro sejam frequentemente mencionados juntos como ativos alternativos e como uma reserva de valor, eles têm características distintas e se comportam de maneiras diferentes.

Como vimos, o ouro tem sido considerado um ativo de refúgio seguro e uma reserva de valor ao longo da história, devido à sua escassez, durabilidade e aceitação global. Sua demanda é impulsionada por uma variedade de fatores, como incertezas econômicas, inflação, instabilidade geopolítica e busca por diversificação de portfólio. O ouro tem uma história longa e estabelecida como uma reserva de valor e é amplamente reconhecido e aceito em todo o mundo.

Por outro lado, o Bitcoin é uma criptomoeda descentralizada e digital. É baseado em tecnologia blockchain e não possui uma entidade central que o controle, como um governo ou Banco Central. O Bitcoin atraiu a atenção por suas características únicas, como não sofrer corrosão monetária como as moedas cuja emissão pode ser ampliada indefinidamente (pois tem um fornecimento limitado de 21 milhões de moedas) e permitir transações sem intermediários.

Em termos de comportamento de mercado, o Bitcoin e o ouro podem exibir algumas semelhanças, mas também existem diferenças significativas. Ambos os ativos podem experimentar valorizações durante períodos de incerteza econômica ou instabilidade financeira, quando os investidores buscam proteção. No entanto, o Bitcoin é conhecido por sua volatilidade extrema, com flutuações de preços significativas em curtos períodos de tempo. Isso contrasta com a natureza relativamente estável do ouro.

Outra diferença fundamental é a forma física versus digital dos ativos. O ouro é tangível e pode ser mantido na forma de barras, moedas ou joias. O Bitcoin, por outro lado, é uma moeda digital e existe apenas no ambiente virtual.

Quanto à possibilidade de o Bitcoin substituir o ouro, esse é um tópico de debate e opiniões divergentes. Alguns argumentam que o Bitcoin possui vantagens sobre o ouro em termos de acessibilidade, facilidade de transação e armazenamento seguro. No entanto, outros destacam que o ouro tem uma história muito mais longa e estabelecida como reserva de valor, além de ser amplamente aceito e reconhecido.

É importante ressaltar que o mercado de criptomoedas, incluindo o Bitcoin, é relativamente novo e está sujeito a regulamentações, riscos técnicos e mudanças no sentimento do mercado. O ouro, por outro lado, tem sido um ativo confiável ao longo de milênios.

Em última análise, a escolha entre os dois como reserva de valor dependerá das preferências e objetivos individuais, além de uma compreensão aprofundada dos riscos e características de cada ativo. Alguns investidores podem optar por uma combinação de ambos em seus portfólios, buscando diversificação e exposição a diferentes classes de ativos.

No entanto, reconheço que o ouro não é um ativo em que se deve investir isoladamente. Sua falta de fluxo de pagamentos futuros pode tornar sua posição desconfortável no longo prazo. No entanto, o ouro desempenha um papel importante na proteção do valor e na diversificação de portfólios em momentos de volatilidade. Sua presença equilibrada pode ajudar a mitigar riscos e manter a estabilidade em tempos incertos.

Enquanto contemplava as montanhas dos Andes, que já abrigaram os tesouros dos incas, e revivia minha jornada por Cusco, compreendi que o brilho do ouro transcende sua função financeira. É um reflexo da grandiosidade da história e da habilidade humana em atribuir significado aos elementos que encontramos na natureza.

Cusco e sua aura mística me proporcionaram uma visão mais profunda das interações entre finanças e história, e a poesia dos incas ecoa em minha mente. O ouro e a prata permanecem como testemunhas silenciosas de uma era passada, e é com humildade e admiração que contemplamos o legado deixado pelos povos antigos.

Assim, deixei Cusco com o coração cheio de gratidão e sabedoria, ciente de que o ouro, embora tenha perdido sua posição como moeda dominante, continua a brilhar como uma preciosidade cultural e uma mercadoria valiosa que transcende fronteiras e épocas.

17

CIDADE DO MÉXICO:

UMA JORNADA DE SABORES E INVESTIMENTOS!

Minha passagem de uma semana pela Cidade do México foi simplesmente marcante. Trabalhei em um projeto de um supermercado financeiro online para a América Latina e fui conquistado pela grandiosidade, pela energia vibrante e pela riqueza cultural da cidade desde o primeiro momento.

Durante minha estadia, desbravei pontos turísticos emblemáticos como a deslumbrante Praça del Ángel e a animada Zona Rosa. Ainda tive a oportunidade de mergulhar na atmosfera espiritual da Catedral de Guadalupe, uma experiência verdadeiramente transformadora.

Fiquei pensando sobre como as civilizações pré-colombianas do México deixaram um legado valioso na culinária ocidental. Produtos como abacate, tomate, ***cacahuate*** (amendoim) e cacau foram levados para a Europa, enriquecendo os sabores e trazendo novas experiências gastronômicas.

Além disso, lembre-se de que as ações do setor alimentício possuem uma característica interessante: são defensivas! Em tempos de instabilidade econômica, essas empresas tendem a se manter estáveis; afinal, alimentos são essenciais em nossas vidas.

Minha experiência na Cidade do México foi marcante e emocionante, especialmente considerando a oportunidade de trabalhar em um projeto sobre um supermercado de investimentos online para a América Latina. Desde o momento em que cheguei, fiquei impressionado com a grandiosidade, a energia vibrante e a riqueza cultural que envolvem a cidade.

Durante minha estadia, tive a chance de explorar alguns dos pontos turísticos mais emblemáticos da cidade. A Praça del Ángel, de arquitetura impressionante, me envolveu em sua magia desde o primeiro momento. Pude apreciar a história e a cultura da cidade enquanto me maravilhava com a beleza dos arredores.

Além disso, visitei a famosa Zona Rosa, conhecida por sua vida noturna animada, restaurantes requintados e lojas de luxo. Caminhar pelas ruas movimentadas e mergulhar na atmosfera vibrante foi uma experiência que me permitiu mergulhar na vida cotidiana da cidade e apreciar sua diversidade.

Por fim, minha visita à Catedral de Guadalupe foi um momento de grande significado espiritual. Sendo um local de importância religiosa e histórica, a catedral me cativou com sua beleza arquitetônica. Foi uma experiência verdadeiramente inspiradora estar diante da imagem da Virgem de Guadalupe e sentir a devoção e o fervor religioso que permeiam o local.

A história da Virgem está intimamente ligada à história do México e é considerada um dos eventos mais importantes na devoção católica no país. Ela remonta ao ano de 1531, quando, segundo a tradição, a Virgem Maria apareceu a um indígena chamado Juan Diego nas colinas de Tepeyac, próximo à Cidade do México.

De acordo com a narrativa, a Virgem Maria apareceu a Juan Diego em uma série de encontros. Na última aparição, ela o instruiu a colher flores no topo da colina, mesmo no inverno, e levá-las ao bispo no seu poncho como um sinal divino. Juan Diego obedeceu e, quando abriu o poncho perante o bispo, as flores caíram revelando uma imagem da Virgem impressa no tecido, que hoje está em exibição na catedral.

Imediatamente após minha visita ao templo de Guadalupe, parti para a cidade de Teotihuacán, que é uma antiga cidade pré-colombiana localizada no Vale do México, a cerca de 50 quilômetros da Capital. Essa impressionante cidade arqueológica é reconhecida como um Patrimônio Mundial da UNESCO e é um dos destinos turísticos mais populares do país.

Ao chegar em Teotihuacán, é impossível não se impressionar com a grandiosidade do local. A principal atração são as suas impressionantes pirâmides, que se destacam no horizonte. A Pirâmide do Sol é a maior delas, alcançando cerca de 65 metros de altura. Subir até o topo proporciona uma vista espetacular da cidade antiga e da paisagem ao redor.

Além da Pirâmide do Sol, Teotihuacán é famosa pela Pirâmide da Lua, que é um local sagrado e que oferece outra vista panorâmica incrível da cidade. A Avenida dos Mortos é a principal via que percorre a cidade e é repleta de templos, palácios e plataformas cerimoniais, revelando a riqueza cultural e arquitetônica dessa civilização antiga.

Os detalhes arquitetônicos de Teotihuacán são impressionantes. Os edifícios são construídos com pedras cuidadosamente encaixadas, e muitos deles possuem pinturas murais bem preservadas, que retratam cenas mitológicas e rituais da época.

Além disso, ao caminhar pela cidade, é possível explorar os sítios arqueológicos menores, como os palácios e as áreas residenciais, que fornecem uma visão mais detalhada da vida cotidiana da civilização que habitou esse lugar.

A energia e a atmosfera mística de Teotihuacán são palpáveis, permitindo que os visitantes se transportem para uma era antiga e se maravilhem com o legado deixado por essa civilização.

As civilizações pré-colombianas que habitavam o México exerceram uma influência importantíssima na alimentação ocidental, trazendo uma enorme quantidade de produtos para a Europa. Dentre os principais, destacam-se o abacate, o tomate, o *cacahuate* (amendoim) e o cacau, que era usado como moeda e também consumido na forma da bebida conhecida como chocolate. Aliás, se algum alimento termina com "ate", provavelmente vem das civilizações da América Central.

Já abordamos como o cacau tinha uma importância significativa como moeda nas civilizações mesoamericanas, como os astecas e maias. Seus grãos eram amplamente aceitos para transações comerciais e usados como sistema monetário. Sua produção concentrava-se em áreas como o México, Guatemala e Honduras, onde as árvores de cacau prosperavam nas florestas tropicais. Os agricultores indígenas cultivavam e colhiam os grãos de cacau, que eram posteriormente transformados em produtos, como a famosa bebida de chocolate.

Após a conquista das Américas, os espanhóis desempenharam um papel fundamental na introdução do cacau na Europa. Reconhecendo seu valor e potencial comercial, eles começaram a exportar o cacau para a Europa. Além disso, desenvolveram técnicas de processamento e refinamento, tornando-o mais palatável para os europeus.

A indústria de chocolates moderna tem raízes no trabalho pioneiro de empresas como a Cadbury, que foi uma das primeiras a fabricar e comercializar chocolates em grande escala. Ela desenvolveu técnicas de produção inovadoras, como a conchagem, que melhoraram a textura e o sabor do chocolate. Sua contribuição foi fundamental para a popularização do consumo de chocolate em todo o mundo.

Atualmente, a indústria de chocolates é uma das maiores e mais lucrativas do mundo, dominada por empresas como Mars, Nestlé, Mondelez International e Hershey's. Essas empresas possuem um valor de mercado estimado em bilhões de dólares e oferecem uma ampla variedade de produtos para atender aos diferentes gostos e preferências dos consumidores. O chocolate é apreciado como uma iguaria indulgente e é consumido em diversas formas, desde barras e bombons até trufas e bebidas quentes.

A indústria do chocolate também tem se preocupado com questões de sustentabilidade e comércio justo, buscando obter cacau de origens éticas e promover condições justas de trabalho para os agricultores.

Seu consumo continua a crescer globalmente, refletindo seu status como um deleite amado e uma indústria em constante evolução.

O mercado de alimentos como um todo é um setor amplo e diversificado, abrangendo desde produtos básicos até os processados, bebidas e alimentos para animais de estimação. Estima-se que o mercado de alimentos global valha trilhões de dólares anualmente.

Em relação às tendências do setor, algumas das principais incluem o aumento da demanda por alimentos saudáveis e conscientes, com consumidores buscando opções mais naturais, orgânicas e livres de aditivos artificiais. Além disso, a sustentabilidade e a responsabilidade social estão se tornando cada vez mais importantes, com os consumidores valorizando marcas e produtos que adotam práticas sustentáveis e têm um impacto positivo no meio ambiente e na sociedade.

A digitalização também tem desempenhado um papel significativo no setor, com o crescimento do comércio eletrônico, aplicativos de entrega de alimentos e serviços de refeições prontas. Os consumidores estão aproveitando a conveniência e a personalização oferecidas pela tecnologia para adquirir alimentos de forma mais rápida e eficiente.

Em relação ao comportamento das ações do setor, elas podem ter características defensivas devido à natureza essencial dos alimentos. Durante períodos de instabilidade econômica, as empresas do setor alimentício tendem a ser menos afetadas, pois os alimentos são considerados produtos básicos. No entanto, é importante ressaltar que o desempenho das ações pode variar entre as empresas e é influenciado por fatores individuais.

As ações do setor alimentício podem desempenhar um papel importante na diversificação de uma carteira de investimentos, pois o setor é relativamente estável e menos volátil em comparação com outros setores. No entanto, é crucial realizar uma análise cuidadosa das empresas, considerando seu desempenho financeiro, sua posição competitiva, suas tendências de mercado e os riscos específicos do setor.

Cheguei a planejar uma viagem de retorno ao México, agora com planos de explorar as paradisíacas praias de Tulum e Cancún. Mas a pandemia alterou meus planos.

Aproveitei para degustar a comida mexicana em casa, tentando recriar as explosões de sabor que tanto me encantaram. Sonhei com as ruínas maias de Tulum, esperando ansiosamente o momento em que poderia mergulhar em suas águas turquesas.

A pandemia pode ter roubado essa viagem, mas não levou minha paixão pelo país. Viva o México, vivam os nossos sonhos de viagem!

18

SÃO PAULO:

PRÉDIOS QUE CONTAM HISTÓRIAS E A IMPORTÂNCIA DOS FUNDOS IMOBILIÁRIOS

São Paulo, a cidade que nunca dorme, é conhecida por sua grandiosidade e pulsante vida urbana. Seus prédios contam histórias de diferentes épocas e estilos arquitetônicos, formando a identidade dessa metrópole vibrante. Mas o que impulsiona essa evolução? O mercado imobiliário tem um papel-chave nessa história. E, por trás dessa trama, os fundos imobiliários se destacam como protagonistas, permitindo que todos participem desse enredo. Vamos abordar por que esses fundos são o segredo por trás do sucesso imobiliário e como eles abrem as portas para novas oportunidades. Prepare-se para desvendar os mistérios do mercado imobiliário e mergulhar nessa crônica urbana.

Quantos prédios existem na cidade de São Paulo? Essa pergunta nos leva a refletir sobre a grandiosidade e a verticalidade da metrópole paulistana. Conhecida por sua intensa atividade econômica, diversidade cultural e pulsante vida urbana, São Paulo é uma cidade que nunca para de crescer. E nesse constante desenvolvimento, o mercado imobiliário desempenha um papel-chave, impulsionando a verticalização da cidade e moldando seu horizonte urbano.

Com milhares de arranha-céus, edifícios residenciais, comerciais e mistos, São Paulo se destaca como um dos maiores mercados imobiliários do país, atraindo investidores e pessoas em busca de oportunidades e de uma vida cosmopolita. A paisagem urbana da cidade, com seus inúmeros prédios, reflete a dinâmica e a vitalidade dessa metrópole que nunca dorme, onde cada edifício conta uma história e contribui para a formação da identidade arquitetônica e social dessa metrópole vibrante.

No coração da cidade, encontramos um bairro que guarda em suas ruas uma rica herança histórica e arquitetônica: Higienópolis. Com seus prédios majestosos e imponentes, esse bairro conta a história de São Paulo de forma singular. Entre suas vias e avenidas, destacam-se três edifícios que são verdadeiros marcos de elegância e sofisticação: o Bretagne, o Lausane e o Louveira.

Ao caminhar pelas calçadas arborizadas de Higienópolis, é impossível não se impressionar com o impecável estilo do Edifício Bretagne. Erguido na década de 1950, essa joia arquitetônica exala charme e requinte. Sua fachada revestida em pastilhas azuis e brancas perfeitamente conservadas faz com que o prédio se destaque entre os demais. Os detalhes em ferro forjado e os arabescos que adornam as janelas são verdadeiras obras de arte, testemunhas de um tempo em que a estética era valorizada como expressão de status e bom gosto. O Bretagne, com sua imponência discreta, parece guardar em suas paredes as histórias e memórias de uma época dourada.

Em contraponto à imponência do Bretagne, temos o Edifício Lausane, uma verdadeira referência do estilo modernista que marcou a arquitetura brasileira nas décadas de 1950 e 1960. Com suas linhas retas e persianas externas nas cores branca, verde e vermelha, o Lausane encanta pelo seu design minimalista e funcional. Ao observar essa construção, somos transportados para um período de otimismo e progresso, em que o Brasil buscava consolidar sua identidade arquitetônica. O Lausane, com sua simplicidade marcante, é um testemunho vivo da força criativa e vanguardista que marcou aqueles tempos.

Já o Edifício Louveira, projetado na década de 1940, nos leva ainda mais longe no tempo. É, sem dúvida, um dos maiores expoentes da arquitetura moderna paulista, com elementos ornamentais e uma elegância atemporal. Sua fachada imponente mistura elementos em amarelo e vermelho que ressaltam o estilo da construção e inserem um ar vivo e contemporâneo.

Não longe de Higienópolis está o centro de São Paulo, um lugar onde a história e a modernidade se encontram em uma dança de concreto e vidro. Entre os prédios imponentes que dominam o horizonte, destacam-se dois ícones: o Edifício Banespa e o Edifício Martinelli.

O Edifício Banespa, também conhecido como Altino Arantes, é um marco da arquitetura paulistana. Com seus 161 metros de altura, foi considerado o mais alto da América Latina por muitos anos. Inspirado no famoso Empire State Building de Nova York, o Banespa exibe uma mistura de estilos arquitetônicos, combinando a grandiosidade do *art déco* com elementos neoclássicos. Sua imponente torre, com detalhes em bronze e uma coroa no topo, é um símbolo da força e prosperidade financeira da cidade. Além de sua beleza arquitetônica, o edifício abriga um mirante no 26º andar, que oferece uma vista panorâmica deslumbrante da cidade de São Paulo.

Outro destaque do centro de São Paulo é o Edifício Martinelli, uma verdadeira relíquia histórica. Erguido em 1929, foi o primeiro arranha-céu da América Latina e, por muitos anos, o mais alto da cidade. Com seus trinta andares, o Martinelli é um exemplo da arquitetura eclética, que mistura elementos neogóticos, renascentistas e barrocos. Seu interior é igualmente impressionante, com um hall de entrada ornamentado e afrescos que retratam cenas históricas. Além disso, o edifício abriga um terraço panorâmico que proporciona uma vista deslumbrante do centro de São Paulo e seus arredores.

Convencer o mercado de que o Edifício Martinelli seria um prédio estável não foi tarefa fácil. Afinal, tratava-se do primeiro arranha-céu da América Latina, uma empreitada ousada para a época. O Conde Martinelli sabia que precisava adotar estratégias convincentes e demonstrar confiança em sua visão arquitetônica.

Para começar, ele contratou o renomado arquiteto húngaro William Fillinger para liderar o projeto. Fillinger era conhecido por sua expertise na construção de estruturas sólidas e inovadoras, o que transmitiu confiança aos potenciais investidores e moradores. Essa escolha cuidadosa do arquiteto foi o primeiro passo para convencer a todos da solidez do empreendimento.

Além disso, o Conde investiu tempo e recursos em estudos de engenharia e análises de solo para garantir a estabilidade do prédio. Engenheiros competentes foram contratados e realizaram testes rigorosos, apresentando resultados que comprovaram a viabilidade e a segurança da construção. Esses estudos e análises foram divulgados publicamente, gerando confiança na solidez da estrutura.

A utilização de materiais de alta qualidade também foi uma preocupação do Conde Martinelli. Ele garantiu que os melhores materiais disponíveis na época fossem utilizados na construção do edifício. Essa escolha meticulosa transmitia a mensagem de que a construção seria duradoura e resistente, contribuindo para aumentar a confiança dos investidores e futuros moradores.

A reputação do próprio Conde também foi um fator determinante. Ele era conhecido como um empresário bem-sucedido e visionário, o que influenciou positivamente a confiança das pessoas no projeto. O fato de ele investir parte de sua fortuna pessoal na construção do edifício demonstrava seu compromisso e confiança no empreendimento.

E, para consolidar sua confiança no projeto, o Conde decidiu ir morar na cobertura do prédio. Essa decisão não apenas demonstrava sua plena convicção na estabilidade e qualidade do edifício, mas também inspirava confiança nos demais interessados. Afinal, se o próprio

Conde estava disposto a viver no topo do Martinelli, isso era um sinal claro de que o prédio era seguro e digno de confiança.

Nos dias de hoje, o mercado imobiliário experimenta uma mudança significativa em relação à forma como os edifícios são financiados e desenvolvidos. Não é mais necessário depender exclusivamente de um milionário visionário para a construção de grandes empreendimentos. A sociedade em si tem a oportunidade de participar ativamente do desenvolvimento imobiliário por meio dos fundos imobiliários.

Esses fundos são veículos de investimento que reúnem recursos financeiros de diversos investidores interessados no mercado imobiliário. Esses investidores podem ser pessoas físicas ou jurídicas, e sua participação nos fundos permite que eles se tornem "sócios" e compartilhem os benefícios e riscos dos empreendimentos imobiliários.

O funcionamento dos fundos imobiliários é relativamente simples. Primeiramente, um gestor profissional é responsável pela sua administração, tomando decisões estratégicas de investimento e gestão dos ativos imobiliários. Os recursos captados dos investidores são direcionados para a aquisição, desenvolvimento e gerenciamento de propriedades imobiliárias, como edifícios comerciais, shoppings, galpões logísticos, entre outros.

Os investidores dos fundos imobiliários se beneficiam das receitas geradas pelos empreendimentos, como aluguéis e rendimentos de venda. Essas receitas são distribuídas aos cotistas do fundo de acordo com a proporção de suas participações. Dessa forma, os investidores têm a oportunidade de obter retornos financeiros provenientes do mercado imobiliário, mesmo sem a necessidade de adquirir propriedades individualmente.

Além disso, os fundos imobiliários oferecem uma maior diversificação de investimentos, permitindo que os investidores tenham acesso a um portfólio de imóveis diversificados em termos de localização, segmento e perfil de locatários. Isso reduz os riscos e aumenta a segurança do investimento, uma vez que a performance do fundo não depende apenas de um único imóvel.

A participação da sociedade por meio dos fundos imobiliários tem se tornado uma forma cada vez mais popular de investimento no mercado imobiliário. Essa modalidade oferece vantagens como acessibilidade, liquidez e possibilidade de diversificação, tornando o setor imobiliário mais acessível a um número maior de pessoas.

Existem diferentes tipos de fundos imobiliários que atendem a diferentes estratégias de investimento e perfis de investidores. Aqui estão alguns dos principais tipos:

Fundos de tijolo: são fundos que investem diretamente em imóveis físicos, como edifícios comerciais, centros logísticos, hospitais, hotéis e empreendimentos residenciais para aluguel. O objetivo é obter retorno tanto pela valorização do imóvel quanto pela geração de renda com aluguéis.

Fundos de papel: esses fundos investem em títulos e valores mobiliários relacionados ao setor imobiliário, como Certificados de Recebíveis Imobiliários (CRIs) e Letras de Crédito Imobiliário (LCIs). Os rendimentos provêm dos juros e pagamentos desses títulos, proporcionando aos investidores exposição indireta ao mercado imobiliário.

Fundos de desenvolvimento: são fundos que investem em empreendimentos em fase de construção, expansão ou revitalização. O objetivo é obter ganhos com a valorização do imóvel ao longo do tempo, seja pela venda ou locação após a conclusão do projeto.

Fundos de fundos (FOFs): são aqueles que investem em cotas de outros fundos imobiliários. Assim, oferecem aos investidores uma forma de diversificar seu portfólio de maneira mais ampla, sem a necessidade de selecionar individualmente os ativos imobiliários.

No horizonte de São Paulo, os prédios contam histórias de diferentes épocas e estilos arquitetônicos. Cada edifício é um personagem nessa crônica urbana, moldando a identidade da metrópole. E nessa trama, os fundos imobiliários têm um papel essencial.

Esses fundos são participantes dessa história, permitindo que todos possam participar dos investimentos imobiliários. Com eles, é possível diversificar o investimento em diferentes tipos de propriedades, reduzindo os riscos e abrindo as portas para novas oportunidades.

Esses veículos de investimento oferecem liquidez, permitindo a compra e venda das cotas na bolsa de valores. Além disso, distribuem rendimentos aos investidores, proporcionando uma fonte de renda periódica.

Assim, nessa crônica urbana de São Paulo, os prédios são parte do enredo, e os fundos imobiliários trazem a oportunidade de participar ativamente desse mercado, tornando-nos coautores dessa história em constante evolução.

19

LIVERPOOL:

UMA VIAGEM PELOS CAMINHOS DOS BEATLES E PELAS COISAS QUE O DINHEIRO NÃO PODE COMPRAR

Agora vou abordar a minha viagem a Liverpool, a cidade dos Beatles. Eu vou te contar como foi essa bela experiência. Você vai ficar impressionado com as coisas que vi, ouvi e senti nessa cidade mágica.

Liverpool não é só o lugar onde nasceram os quatro garotos que revolucionaram a música. Liverpool é uma cidade que tem muita história, cultura e arte para oferecer. É uma cidade que se transformou e se atualizou, sem perder a identidade e o encanto. É uma cidade que me recebeu de braços abertos e me fez sentir em família.

Neste capítulo, vou abordar os mistérios de Liverpool. O museu dos Beatles, o Cavern Club, o centro histórico, o porto, as igrejas, os monumentos e muito mais. Além disso, você vai aprender, como eu aprendi, que o dinheiro não pode comprar o amor, mas pode ajudar a celebrá-lo.

Eu sempre sonhei em conhecer Liverpool, a cidade dos Beatles, a banda que marcou a minha juventude e a minha paixão pela música. Como professor de finanças e amante de História, eu também tinha curiosidade em saber mais sobre o passado e o presente dessa cidade portuária que foi um dos centros comerciais mais importantes da Inglaterra.

De cara, fui ao museu dos Beatles, onde pude ver de perto objetos, fotos e documentos que contam a trajetória dos quatro rapazes de Liverpool. Fiquei emocionado ao ver as roupas, os instrumentos e as letras originais das canções que eu tanto ouvi e cantei. Também aprendi sobre a influência da cidade na formação musical e cultural dos Beatles, desde os seus primeiros shows até a sua consagração mundial.

Fiz também um passeio pelo centro histórico de Liverpool, admirando a arquitetura e os monumentos que testemunham a sua riqueza e diversidade. Vi o porto, onde chegavam e saíam navios de todo o mundo, trazendo mercadorias e pessoas. Vi as igrejas, os prédios públicos e as casas que refletem os diferentes estilos e épocas da cidade. Vi também as placas e as estátuas que homenageiam os seus ilustres cidadãos, entre eles os Beatles, é claro.

Eu também realizei o meu grande sonho: conhecer o Cavern Club, o lendário clube onde a banda começou a sua carreira e se apresentou mais de duzentas vezes. Foi lá que eles foram descobertos pelo empresário Brian Epstein, que os levou ao estrelato. Entrei no clube, que fica no subsolo de um prédio um tanto antigo, e senti uma energia incrível. O lugar é pequeno, escuro e abafado, mas tem uma atmosfera mágica. Assisti a um show de uma banda cover dos Beatles, que tocou os seus maiores sucessos. Cantei, dancei e me diverti como nunca. Foi uma experiência inesquecível.

Liverpool é uma cidade que teve uma grande importância econômica tanto no passado como no presente, principalmente por sua localização estratégica como um porto comercial e industrial.

No passado, foi um dos principais centros da Revolução Industrial na Inglaterra, sendo pioneira na produção de ferro, aço, químicos, máquinas e navios. Liverpool também foi um dos maiores portos do mundo, conectando a Grã-Bretanha com seus mercados coloniais e estrangeiros, especialmente nas Américas e na Ásia. Foi responsável por cerca de 40% do comércio exterior britânico no século XIX, exportando produtos manufaturados e importando matérias-primas, como algodão, açúcar, tabaco e café.

Liverpool também teve uma forte relação comercial com o Brasil, especialmente após a vinda da corte portuguesa para o Rio de Janeiro em 1808 e a abertura dos portos às nações amigas em 1810. Esses eventos favoreceram a entrada de produtos ingleses no mercado brasileiro em troca de produtos agrícolas, como açúcar, café, algodão e couro. Liverpool era o principal porto de destino das exportações brasileiras e o principal porto de origem das importações britânicas. Em 1821, por exemplo, recebeu 223 mil sacas de café do Brasil, representando 86% do total exportado pelo país. Liverpool também enviou para cá diversos produtos industriais, como tecidos, louças, ferramentas, máquinas e até mesmo trens.

No presente, Liverpool continua sendo uma cidade importante para a economia britânica e mundial, embora tenha enfrentado períodos de declínio e crise no século XX. A cidade se reinventou como um centro de serviços financeiros, turismo, cultura e educação. É sede de diversas empresas multinacionais e um dos principais destinos turísticos do Reino Unido, atraindo milhões de visitantes por ano por sua rica herança histórica, arquitetônica e musical. Além de ser famosa por ser a cidade natal dos Beatles, também é reconhecida por seu clube de futebol: o Liverpool FC, que é o time inglês com maior número de Champions conquistadas.

Mas voltando aos Beatles, sou um fã deles há muitos anos. Fiquei fascinado pela variedade, pela qualidade e pela influência que eles tiveram na história da música. Mesmo tendo nascido depois do fim da banda, eu me sinto conectado com as suas canções, que parecem atemporais e universais. Entre tantas músicas que me emocionam, há três que eu considero essenciais: *Get Back*, *Strawberry Fields Forever* e *Sgt. Pepper's Lonely Hearts Club Band*.

Get Back é uma música que transborda a energia e alegria dos Beatles, mestres em fazer um *rock and roll* de primeira. O seu *groove* irresistível me contagia, fazendo com que eu queira pegar uma guitarra e uma bateria e tocar junto. A letra é repleta de personagens divertidos e irreverentes, como Jojo e Loretta, que embarcam em aventuras pelo mundo. É incrível como os Beatles brincam com estereótipos e convenções sociais na música, utilizando humor e ironia de forma magistral. E o desfecho da canção é simplesmente cativante, quando John Lennon declara: "*I hope we passed the audition*", como se estivesse se despedindo do público.

Strawberry Fields Forever é uma música que me transporta para além dos limites da minha mente e da minha imaginação, levando-me a um lugar místico e fantástico. Sua atmosfera psicodélica e envolvente me faz sentir como se estivesse imerso em uma viagem sensorial. A letra da canção retrata a infância de John Lennon, quando ele brincava nos campos de morango do orfanato chamado Strawberry Field, próximo à sua casa em Liverpool. É fascinante como os Beatles exploram instrumentos exóticos, como a cítara e o mellotron, e empregam técnicas de gravação revolucionárias, como a colagem de fitas e a variação de velocidade, para criar uma sonoridade única e original. Eu também admiro o fato de que os Beatles foram corajosos e criativos ao lançar essa música, que era muito diferente do que se esperava deles na época.

Sgt. Pepper's Lonely Hearts Club Band é uma música que desperta minha admiração pela genialidade e versatilidade da banda, que soube como criar um álbum conceitual e inovador. Essa canção marca o início do álbum homônimo, onde eles apresentam uma banda fictícia chamada Sgt. Pepper's Lonely Hearts Club Band, como se fosse um alter-ego deles mesmos. A grandiosa orquestração da música nos transporta diretamente para um espetáculo circense. A letra explora a proposta do álbum, que é proporcionar ao ouvinte uma experiência musical diferente e surpreendente. Adoro como os Beatles criam uma atmosfera de festa e celebração na música, convidando o público a participar desse show. Além disso, amo o fato de que eles foram verdadeiros pioneiros e visionários ao produzir esse álbum, que é considerado um dos melhores e mais influentes de todos os tempos.

Quero falar também de *Can't Buy Me Love*, que não é uma das minhas preferidas, mas combina com este livro. Trata-se de uma declaração de amor que afirma que o dinheiro não pode comprar o sentimento mais valioso que existe. O narrador diz que não se importa com as coisas materiais que o dinheiro pode proporcionar, como carros, joias e roupas. Ele só quer o amor da sua amada, que é o que realmente o faz feliz.

O significado do dinheiro é relativo e depende da forma como é usado e do valor que se dá a ele. Pode ser um meio para satisfazer as necessidades básicas, como alimentação, moradia e saúde. Mas também pode ser um fim em si mesmo, uma fonte de ganância, vaidade e egoísmo. O dinheiro pode comprar coisas, mas não sentimentos, como amor, amizade e gratidão.

No entanto, isso não significa que o dinheiro seja irrelevante ou indesejável. Ele pode ser um instrumento para tornar a vida mais interessante, desde que seja usado com sabedoria e equilíbrio. Pode possibilitar experiências enriquecedoras, como viajar, estudar, conhecer outras culturas e pessoas. Também pode ser uma forma de expressar generosidade, solidariedade e compaixão, ajudando quem precisa.

O mais importante é saber que o dinheiro não é um fim em si mesmo, mas um meio para alcançar outros fins mais nobres e significativos. Não pode comprar o amor, mas pode ajudar a cultivá-lo e a celebrá-lo. Não pode comprar a felicidade, mas pode contribuir para ela se for usado com consciência e responsabilidade. Não é tudo, mas é uma parte importante da vida.

Enfim, essas foram algumas das reflexões que extrai da minha passagem por Liverpool, uma cidade que me ensinou muito sobre a história, a cultura e a música da Inglaterra. Foi uma experiência que vou guardar para sempre na minha memória e no meu coração. Eu me senti mais próximo dos Beatles, dos meus ídolos, e também mais aberto para conhecer coisas novas e diferentes. Liverpool me mostrou que há muito mais para ver e aprender do que eu imaginava.

A única coisa com que eu não consegui me acostumar foi o trânsito. Dirigir um carro com o volante no lado oposto foi um desafio e tanto para mim. Confesso que me atrapalhei algumas vezes e quase causei alguns acidentes. Mas, felizmente, os motoristas de Liverpool foram compreensivos e pacientes comigo. Eles devem estar acostumados com turistas desajeitados como eu. Agradeço a eles pela gentileza e pelo bom humor. Eles foram parte da magia de Liverpool.

20

UMA FRASE NA PAREDE

"O estudo da economia não parece exigir nenhum dom especializado num nível excepcionalmente superior. É uma disciplina fácil se comparada com as vertentes superiores da filosofia ou outras ciências puras. No entanto, economistas bons, ou mesmo competentes, são os mais raros dos pássaros. Uma disciplina fácil, na qual poucos se destacam? O paradoxo talvez tenha a sua explicação no fato do economista mestre precisar possuir uma rara combinação de dons. Ele deve ser matemático, historiador, estadista, filósofo — em algum grau, compreender símbolos e falar em palavras, contemplar o particular em termos do geral e tocar o abstrato e o concreto no mesmo voo de pensamento, estudar o presente à luz do passado com o objetivo do futuro...

"...Nenhuma parte da natureza humana ou das suas instituições deve cair completamente fora do seu olhar."

John Maynard Keynes

A frase de Keynes, inscrita na parede da Escola de Economia da Fundação Getúlio Vargas em São Paulo, onde tenho o privilégio de lecionar, despertou em mim uma reflexão profunda sobre a natureza da economia e a necessidade de uma visão ampla do mundo para aqueles que atuam no mercado financeiro. Enquanto observava aquelas palavras imponentes, fui tomado por um sentimento de admiração e, ao mesmo tempo, de responsabilidade.

Keynes afirmou que o estudo da economia não exige necessariamente um dom especializado num nível excepcionalmente superior. Ele comparou essa disciplina com as vertentes superiores da filosofia e outras ciências puras, destacando que a economia parece ser relativamente mais fácil. No entanto, o paradoxo que surge é que bons economistas, ou mesmo economistas competentes, são como pássaros raros. Isso porque não é fácil combinar a quantidade de conhecimentos necessários para se ter uma correta visão econômica do mundo.

Na minha opinião, essa descrição não se aplica somente aos economistas, mas também a todos aqueles que atuam no mercado financeiro. Nesse ambiente complexo e em constante evolução, é essencial possuir uma visão ampla do mundo e uma amplitude de conhecimentos que transcenda os limites da economia. É preciso compreender a natureza humana, as instituições que a permeiam e as interações sociais que moldam o tecido econômico.

É necessário compreender a política, a história, o direito e até mesmo a psicologia humana. O mercado financeiro não se resume a números e gráficos; ele é um reflexo das decisões tomadas por indivíduos, das políticas governamentais, das transformações sociais e das incertezas que permeiam nossa realidade.

Nesse contexto, é fundamental reconhecer que uma abordagem interdisciplinar e uma curiosidade insaciável são ingredientes essenciais para aqueles que desejam ter sucesso no mercado financeiro. A compreensão das relações complexas entre diferentes campos do conhecimento proporciona uma visão mais holística e permite antecipar as mudanças e desafios que podem surgir.

A frase de Keynes é um lembrete poderoso de que nenhuma parte da natureza humana ou das instituições deve ser deixada de fora de nosso olhar. O mercado financeiro é um ecossistema dinâmico. E, para navegar por suas águas tempestuosas, precisamos ser como navegadores experientes, que enxergam além do horizonte, conectando diferentes disciplinas e conhecimentos.

Portanto, como professor e observador desse mundo complexo, reitero a importância de adquirir uma visão ampla do mundo e uma vasta gama de conhecimentos para todos aqueles que buscam se destacar não apenas como economistas, mas como profissionais do mercado financeiro. Somente então seremos capazes de compreender as nuances da economia, tomar decisões fundamentadas e, quem sabe, contribuir para um futuro econômico mais próspero e sustentável.

Um livro como este tenta nos ensinar a enxergar além das fronteiras geográficas, transcender barreiras culturais e apreciar a diversidade que permeia o nosso planeta. Ele nos permite vivenciar diferentes formas de vida, desafiando nossas perspectivas e ampliando nossos horizontes. Através dessas experiências literárias, desenvolvemos empatia, compreensão e tolerância, que são aspectos fundamentais para entender o mundo em todos os seus aspectos, inclusive na economia e nos mercados.

Desejo sinceramente que esta obra tenha cumprido seu objetivo e sonho de que, ao chegar ao fim de sua leitura, você sinta uma pitada de saudade, uma que eu mesmo venho experimentando desde o exato momento em que terminei de escrevê-la.

BIBLIOGRAFIA

FARRELL, Charles. *Your Money Ratios: 8 Simple Tools For Financial Security*. 1ª ed. Nova York: Avery, 2010.

HOUSEL, Morgan. *A psicologia financeira: Lições atemporais sobre fortuna, ganância e felicidade*. 1ª ed. Rio de Janeiro: Harper Collins Brasil, 2021.

IGLESIAS, Martin Casals. *Investimentos: Textos para nunca mais esquecer*. 1ª ed. Rio de Janeiro: Alta Books, 2019.

KAHNEMAN, Daniel. *Rápido e devagar: Duas formas de pensar*. 1ª ed. Rio de Janeiro: Objetiva, 2012.

MACEDO JUNIOR, Jurandir Sell. *4 dimensões de uma vida em equilíbrio*. 1ª ed. Florianópolis: Insular, 2014.

POMPIAN, Michael. *Behavioral Finance and Wealth Management: How to Build Optimal Portfolios that Account for Investor Biases*. 1ª ed. New Jersey: Willey, 2006.

SMITH, B. Mark. *The Equity Culture: The Story of the Global Stock Market*. 1ª ed. Nova York, 2003.

TALEB, Nassim. *A lógica do cisne negro: O impacto do altamente improvável*. 1ª ed. Rio de Janeiro: Best Seller, 2008.

ÍNDICE

I

J

K

L

M

N

O

P

Este livro foi impresso nas oficinas gráficas da Editora Vozes Ltda.,
Rua Frei Luís, 100 – Petrópolis, RJ.